数字化管理

数智技术
重塑组织未来竞争力

豆大帷 著

中国经济出版社
CHINA ECONOMIC PUBLISHING HOUSE
北 京

图书在版编目（CIP）数据

数字化管理：数智技术重塑组织未来竞争力 / 豆大帷著. —北京：中国经济出版社，2023.6

ISBN 978-7-5136-7294-8

Ⅰ. ①数… Ⅱ. ①豆… Ⅲ. ①数字技术—应用—企业管理 Ⅳ. ①F272.7

中国国家版本馆CIP数据核字（2023）第073333号

责任编辑　张梦初　高　鑫
责任印制　马小宾
封面设计　卓义云天

出版发行　中国经济出版社
印 刷 者　北京科信印刷有限公司
经 销 者　各地新华书店
开　　本　710mm × 1000mm　1/16
印　　张　16.25
字　　数　200千字
版　　次　2023年6月第1版
印　　次　2023年6月第1次
定　　价　65.00元
广告经营许可证　京西工商广字第8179号

中国经济出版社 **网址** www.economyph.com **社址** 北京市东城区安定门外大街58号 **邮编** 100011

本版图书如存在印装质量问题，请与本社销售中心联系调换（联系电话：010-57512564）

自　序

对于国内的企业而言，当前似乎正面临自改革开放以来最为复杂的外部环境。

回想2015年左右，当时国内的移动互联网浪潮已经席卷各行各业，腾讯、阿里等互联网巨头的地位被进一步奠定，一大批实力强劲的独角兽企业也不断崭露头角。国际环境方面，中美贸易还未展开激烈的博弈，未来的不确定性也未显现。不过，如今看来，那时高歌猛进的背后也暗藏着国际政治经济风云变幻的草蛇灰线。

目前，国内企业面临的挑战主要表现在五个方面：其一是经济结构的不断调整和战略环境的日趋复杂化；其二是科学技术的进步所带来的产业革命；其三是企业获得外部资源的可能性逐步降低；其四是市场的发展呈现更多的不确定性；其五是企业更容易受到相关利益者的影响。那么，为了迎接这些挑战，企业应该如何提升组织绩效？怎样借助资本的力量获得发展机遇？怎样创新商业模式，实现成功转型？最为重要的是，随着数字化时代的到来，企业如何实现数字化管理，依托数智技术重塑组织未来竞争力呢？

如今，全球已经进入数字经济时代，数字经济无疑成为驱动世界经济发展的重要动力。而对我国企业来说，采用数字化管理模式不仅能够求新求变，获得可观的效益，摆脱发展的困境，更有助于做好新时期的战略选择，促进“内循环”的建立与发展。

实际上，企业采取数字化管理不仅是大势所趋，更是企业重塑竞争力的必要选择。传统管理模式发展到今天，已经越来越难帮助企业获得效益，主要问题存在于以下几个方面：管理观念因循守旧，难以应对不确定性；技术应用水平低，发展动能弱；组织臃肿反应慢，员工自驱力差；供应链风险系数大，难以满足用户需求；财务职能水平低，业财难以融合；品牌优势难凸显，无法形成口碑效应。

管理观念层面，以往企业的管理者采用的大多是工业大规模生产积累的经验，这种经验虽然使得企业能够获得比较成熟的经营流程，但同时也使得员工的工作方式难以发生较大的改变，而从本质上看，数字化管理是对企业当前的组织结构、管理理念和管理方法的数字化升级，能够让企业借助数字技术打破传统的管理框架和运作模式，实现生产力、市场竞争力、团队协作能力和系统运作能力的大幅提升。

技术应用层面，区块链、人工智能等数字技术能够通过带动产业升级的方式对传统行业进行革新，助力企业发展新业务、改变业务模式、优化商业模式，从而实现数字化转型。对企业来说，数字技术是改变商业环境和经营条件、革新发展格局、提升生产率的关键，也是实现数字化转型的重要工具。

组织与人才层面，传统的层级制组织结构使得企业反应迟钝，在激烈的市场竞争中也难以快速响应用户需求的变化。而且，随着企业不断发展、成员逐渐增多、规模越来越大，组织结构必然会日渐臃肿，这一方面会导致在信息传达的过程中关键信息不断衰减，另一方面也不利于激发员工的内驱力。强管控式的科层组织是工业时代的产物，已无法满足移动互联网时代在组织管理方面的需求，未来的组织形式将基于项目单元，实现多边力量均衡发展。

供应链层面，大数据、物联网等技术的进步，使得越来越多的企业管理者认识到数据是企业数字化转型的核心要素。企业成功实现数字化转型的关键，在于有效采集、分析和应用数据，因此企业应充分利用数字技术推动传统供应链向数字化供应链转型。数字化供应链可以连接企业内外各个信息化系统，让企业实现对物流、信息流和资金流的高度集成管理，同时降低供应链风险，提高供应链绩效。

企业财务层面，随着经济形势的不断变化，企业对战略转型、风险管控、管理精细化和产业结构优化的需求日渐突出。进入数字化时代之后，业务和财务之间的界限越来越模糊，财务数据与业务数据逐渐融为一体，财务部门也可以进行数据处理。企业管理在风险控制、管理精细化以及产业结构领域的变化是推动财务数字化转型的首要原因，政策和新一代信息技术也为财务数字化转型提供了重要支撑。

品牌塑造层面，与传统工业时代相比，企业的消费环境发生了巨大变革，人们购买商品时不再简单地关注产品价格、功能、性价比、实用性等，而是思考能否满足自身的生活方式、文化理念及价值主张等情感与精神体验方面的需求。随着市场营销竞争日益白热化，各个企业均面临着诸多有形或无形的营销瓶颈，以往大规模广告推广等营销方式不仅需要耗费大量的人力物力财力，而且最终的营销效果也会不断下降。

总之，传统管理发展至今天，虽然积累了不少经验和智慧，但仍然面临时过境迁的尴尬局面。对企业的管理者而言，只有采用更符合时代需求的管理模式才能够重塑未来竞争力。

数字经济已经成为当今时代的主题，数字化管理则是指将先进技术融入企业运行的各个环节，对企业的战略决策、产品研制、市场经营、售后服务、创新迭代等环节进行优化、升级乃至重构，实现企业运营管理的数字化、高效化。企业管理作为企业运营的重要组成部分，其归根结底是为企业的经营活动服务的。优秀的管理模式能够让企业在激烈的市场竞争中脱颖而出，而当企业的成长已经明显缺乏活力和生命力的时候，就需要衡量管理模式是否已经不适应时代发展、是否需要升级迭代。

作为工业4.0的产物，数字化管理如同以往的管理革命一般，能够助力企业抓住创新时机、迎接技术革命、获得时代红利，使得企业真正从管理中产生效益。新一代信息技术的迅猛发展与创新升级，为企业推进数字化转型创造了有利环境，企业只有加快推进各类数智科技融合应用，加快建设数字化管理体系，实现数字化转型，才能真正实现可持续发展。

豆大帷

2023年2月　深圳

前 言

在数字经济快速发展的时代，数字化转型成为企业发展的大趋势。对于企业来说，能否抓住数字化转型的机遇直接关系着未来能否实现可持续发展。尤其在后疫情时代，随着远程办公、在线会议、远程协作成为工作的常态，数字化转型引起了广泛关注，企业的数字化转型进程变得越来越快。

数字化转型可以为企业带来很多好处：

第一，数字化转型是顺应数字经济发展的必然举措，可以让企业获得持续的竞争力，获得新的利益增长点；

第二，企业在数字化转型的过程中会广泛发展线上业务，推动线上与线下快速融合，优化经营模式，改变管理理念与管理方式，充分享受数字经济带来的红利；

第三，企业在数字化转型的过程中会沉淀积累大量数据，对数据进行深入挖掘，可实现以数据驱动的企业决策与商业模式创新，构筑新的竞争优势；

第四，企业在数字化转型的过程中需要构建数字平台，而数字平台可以集聚大量资源，对大数据、物联网、区块链等技术进行集成应用，提高企业的数字化、智能化运营水平；

第五，在数字化转型的过程中，企业可以培养动态应变能力，为数字化战略的落地提供强有力的支持和保障。

需要注意的是，企业的数字化转型不是简单地引入自动化办公系统将一些线下业务转移到线上处理，而是需要对生产、决策、经营、供应链管理、财务管理等各个环节进行数字化改造，提高整个企业的数字化运营水平，将传统的根据经验决策转变为根据数据分析结果决策，提高企业决策的科学性，对市场需求作出快速响应，在未来的市场竞争中获得竞争优势。在企业数字化转型的整体框架中，数字化管理是一项重要内容。

数字化管理指的是利用计算机、大数据、云计算等数字化技术，将企业办公、招聘、绩效考核、员工培训等管理活动与一线的业务流程连接在一起，上传到线上，构建一套线上管理流程，以提高企业的运营能力，降低运营成本，提高盈利能力。

在逐渐固化的业务结构导致企业发展失去活力的背景下，数字化管理为企业带来了新的机遇。借助数字化管理，企业可以实现业务流程信息化，利用计算机收集、整理各类信息，利用自动化系统处理一些简单但烦琐的工作，将工作人员从低价值的工作中解脱出来，将更多时间与精力投放到附加值更高的工作中，在提高日常事务处理效率的同时也提高获利能力。

另外，在数字经济时代，通过数据分析挖掘数据隐藏的价值，判断企业的财务状况是否健康，销售网络是否正常，运营决策是否合理，是每个人都需要掌握的技能。借助数字化管理，企业可以培养员工的数据素养，提高管理者的数据分析能力，让管理者通过数据分析对其所面临的经营状况、市场情况作出正确判断，从而作出正确决策。

很多人认为数字化管理就是收集企业内外的各类数据，并对数据进行整理。事实上，数字化管理除了收集、整理数据之外，还要对数据进行挖掘分析，从杂乱无章的数据中挖掘出最有价值的信息，从中发现企业管理模式、经营理念、员工管理、财务管理、绩效考核等方面存在的问题，窥探企业的实际运营状况以及未来的发展趋势。

而规模如此庞大的数据收集与挖掘工作不能只依靠管理者来实现，还需要企业每一位员工参与。因此，在数字化管理的过程中，员工会自然而然地具备一些数据素养，可以在与用户接触的过程中深入洞察用户需求，并将用户需求及时反馈给生产部门、销售部门，为生产计划的调整、营销策略的优化提供支持。最重要的是，数字化管理可以打破传统的层级结构，打通企业各层级、各部门之间的沟通渠道，让员工可以直接与上级领导沟通，反馈自己在工作中遇到的问题，谈论自己对某个问题的看法，让管理者增进对员工的了解，增强企业的凝聚力与向心力。

除了提高数据素养，培养数据挖掘与应用能力之外，数字化管理的实现还需要借助很多先进技术，例如利用人工智能提高客户服务效率，打造自动化生产流程；利用区块链赋能财务管理与供应链管理，推动企业实现数字化转型；利用RPA创新企业管理模式，实现精益管理；利用物联网、大数据、区块链等新一代信息技术打造数字化的供应链，提高供应链运行质量与效率；等等。

《数字化管理：数智技术重塑组织未来竞争力》一书立足数字经济时代企业数字化转型的大背景，对企业数字化转型的内在机制与实践路径进行探究，对人工智能、区块链、大数据、RPA等技术对客户服务、财务管理、生产模式、供应链管理、物流采购、资产管理模式的数字化重构进行深度剖析，对数字化组织的两大典范——敏捷型组织和指数型组织的构建策略进行全面分析，并从产品运营、口碑塑造、品牌体验、品牌公关四大维度对数字化品牌的运营策略进行深入探究。

本书内容丰富、结构完整、语言通俗易懂，结合丰富的案例与图表，深入浅出地剖析了企业数字化管理的多种策略与方案，不仅适合企业管理者阅读，还适合高校管理专业的师生、致力于研究企业数字化转型的专家与学者翻阅。

目 录

第一部分 数字化管理

第二部分　技术赋能

第三部分 数字化组织与人才

第四部分 数字化供应链

第六部分 数字化品牌

第一部分
数字化管理

— 第1章 —
未来管理：数字化时代的管理新范式

01　数字经济时代的管理模式变革

随着社会经济的不断发展，以5G为代表的新一代信息技术快速发展，并在经济社会各领域持续下沉，为传统工业数字化转型带来空前的机遇。在此背景下，企业应当抓住机遇，顺势而为，努力引进先进科学技术，为各部门赋能，提升数字化运行能力，加快数字化转型进程，提升数字化竞争力，实现长足发展。

何谓数字化管理？

数字化管理是指将先进技术融入企业运行的各个环节，广泛集成企业运行的各类数据，基于新一代信息技术对数据进行加工处理、优化整合，发挥其最大价值；对企业的战略决策、产品研制、市场经营、售后服务、创新迭代等环节进行优化、升级乃至重构，实现企业运营管理的数字化、高效化。

社会经济的迅速发展使得资源日益紧缺，企业的生存成本大幅提升，各行业竞争加剧。企业想要生存就必须优化发展模式，摒弃以单一方式来提升经营效率的发展模式，大力引进人才、科技、资金，顺应社会前进方向，多学习、多借鉴，努力打造可以实现创新发展、高质量发展、柔性发展、多元化发展的企业发展新模式。

国家大力支持企业数字化管理

近年来，国家对数字经济的发展给予了高度重视，并出台了一系列政策文件，倡导企业实施数字化管理，鼓励企业全面推进数字化转型与升级。

2016年5月，国务院发布《关于深化制造业与互联网融合发展的指导意见》，提出以创新驱动、融合发展、分业施策为基本原则，充分发挥“互联网+”的价值，改造提升传统动能，培育新的经济增长点，发展新经济，加快推动“中国制造”提质增效升级，实现从工业大国向工业强国迈进。

2020年8月，国务院国资委印发《关于加快推进国有企业数字化转型工作的通知》，指出数字化转型是改造提升传统动能、培育发展新动能的重要手段，国有企业要强化数据驱动、集成创新、合作共赢等数字化转型理念，营造勇于、乐于、善于数字化转型的氛围，全面推进数字化、智能化转型与发展。

2020年12月，工信部印发《工业互联网创新发展行动计划（2021—2023年）》，提出以提升技术创新能力、健全产业发展新生态为主要目标，加快完善网络体系，夯实网络技术基础，壮大网络平台体系，提升数据解析能力，加快数据集成和赋能，通过数据驱动培育企业管理的数字化新模式，促进产业协同发展，将数字化管理作为未来三年企业数字化转型的重要内容。

企业数字化管理的重要价值

随着第四次工业革命拉开帷幕，各行业的竞争不断加剧，在外部环境变化和内部运营变革的双重作用下，数字化管理成为企业数字化转型的必经之路。

（1）数字化管理可以盘活企业数据资产。随着新一代信息技术的快速发展和广泛应用，企业数据的采集整合、价值挖掘变得更加简单，越来越多的企业开始重视数据资产，并通过数字化手段推进各部门各领域的数据流通与共享，充分发挥数据的最大价值，形成数据流，并引导其与物流、资金流相互协作，在企业运营、决策、创新、升级等方面发挥驱动作用。

（2）数字化管理可以加快构建适应数字时代的企业新型能力体系。在数字经济时代，市场供需结构逐渐从以生产者为主导转向以消费者为主导，市场环境的不确定性逐渐增强，在此形势下，数字化转型与升级成为新时代企业发展的必然趋势。在数字化管理模式下，企业可以利用大数据技术准确洞悉市场走向，精准捕捉客户需求，结合物联网、人工智能等技术开展产品、业务的优化创新，同时培育线上线下协同发展模式，提升企业发展的弹性和柔性。

（3）数字化管理是企业突破固有模式、孕育新机会、开创新局面、培育新增长点的强大引擎。企业开展数字化管理可以获得发展新动能，不断开辟数字化发展的新路径，加快培育适应社会潮流的数字化新能力，打造集智能化生产、网络化协同、个性化服务于一体的企业发展新业态，拓展新的经济增长点。

（4）数字化管理可以提升企业行动的一致性，促进管理效率大幅提升。企业利用数字技术进行横向赋能和纵向赋能，能够打破管理要素的时空限制，优化整合各项资源，辅助管理部门灵活决策，提升其全局掌控能力，同时推动各部门、各成员清晰地认识各个阶段的具体任务和目标，推动企业不同部门、同一部门的内部成员之间协同作战。

（5）数字化管理是企业提升突发事件应对能力的有效路径。在新冠肺炎疫情防控期间，众多企业借助互联网手段开启线上办公模式，通过云平台为用户提供远程服务，及时掌握用户需求，获得用户反馈，不断优化企业的产品和业务，在有效遏制疫情蔓延的同时也提升了企业的经营效益。可见，数字化管理模式可以有效提高企业的风险应对能力。

02　数字化重塑企业价值链

随着社会和经济的快速发展，市场竞争日益激烈，数字化管理成为企业发展的必然选择。企业的数字化管理就是围绕市场需求，全面整合客户要求、企业内部资源、供应链上下游的合作伙伴等信息和资源，利用多种先进的数字技术提高生产经营各个环节的数字化水平，进而增强自身的市场竞争力。

与传统的企业管理相比，数字化管理在管理思想、管理技术、管理方法等方面更加现代化，能够充分利用先进技术提高企业管理的效率和效益。数字化管理能够将企业人事、财务、订单、采购、计划、制造、库存、运输、分销、服务、维护、质量控制等环节和生产经营所需的信息和资源集中到企业的价值链当中，实时掌控企业的动态经营信息，实现对价值链所有环节的有效管理。

从本质上看，数字化管理是对企业当前的组织结构、管理理念和管理方法的数字化升级，能够让企业借助数字化技术打破传统的管理框架和运作模式，实现生产力、市场竞争力、团队协作能力和系统运作能力的大幅提升。

数字化管理的核心：优化企业价值链

1985年，哈佛商学院教授迈克尔·波特（Michael Porter）在《竞争优势》一书中提出价值链的概念，并指出“每一个企业都是在设计、生产、销售、发送和辅助其产品的过程中进行种种活动的集合体，所有这些活动可以用一个价值链来表明”。基于迈克尔·波特的理论，彼得·海恩斯对价值链进行了重新定义，认为价值链是“集成物料价值的运输线”。

具体来说，企业应以客户需求为导向，将原材料、订单、采购、生产、客户、人力资源等整合到价值链当中，对业务开展涉及的所有要素进行计划、协调、监管和控制，增强各个业务流程与环节的联系，提高对资金流、信息流和物流的自组织能力和自适应能力，建设产、供、销紧密融合的价值链。

总而言之，价值链就是以供应商为起点，以顾客价值为终点的价值增值活动和流程。价值链管理既要强化企业价值链内部各项业务活动之间的关联，也要加强企业价值链与供应商价值链、渠道价值链等企业外部价值链之间的关联。

基于价值链的信息化管理系统

信息技术在企业管理中的应用能够有效提高企业管理系统的信息化水平。从不同的层面来看，信息技术的推广和应用是信息化在技术层面的一种表现，信息资源的开发和利用是信息化在知识层面的一种表现，而信息产业的快速发展则是信息化在产业层面的一种表现。

具体来说，企业信息化过程是信息技术与应用向企业的科研、生产、营销和办公等环节全面渗透的过程，其中科研的信息化主要是产品设计和产业开发环节的信息化升级，生产信息化主要是对生产计划、原材料采购、产品制造和库存管理等环节的信息化改造，营销信息化主要是提高广告营销、产品销售和市场分析等方面的信息化水平，办公信息化能够提高沟通协作的效率和灵活性。除此之外，企业也要利用计算机网络和集成的软件构筑数字神经系统，革新协作方式，提高产量和销售额，达到降本增效的目的。

企业数字化管理的判断标准

企业在衡量自身的数字化管理水平时，需要全面分析自身在产品、服务等方面与业内领先企业之间的差距，发现自身的优势与现阶段面临的发展瓶颈，有针对性地进行改进和提升；此外，还要加强对行业领先企业的研究，发现其领先的秘诀，从而根据自身的优势和不足以及行业领先企业的发展经验来确立发展目标和发展战略。根据施乐公司的经验，这种与领先企业相对比的发展方式适用于任何行业。而且，除产品和服务外，企业也可以分析自身在制造、营销、企业支持系统等方面与业内领先企业的差距。

03　企业数字化管理的技术基石

随着国内的数字经济快速发展，传统的企业管理模式已然不能适应市场竞争格局，而大部分企业的数字化管理能力依然不足，主要表现在战略执行效果及协同作战效果欠佳、部分企业数字化关键技术或数字化管理意识欠缺等方面，导致企业无法有效实现数字化转型。

数字化管理能力体系涵盖的企业职能较为广泛且复杂，包括技术融合应用、管理体系变革、数据价值释放、业务创新升级等。因此，系统化推进数字化管理体系建设成为企业推进数字化转型的关键步骤，但这项工作比较复杂。例如傲林科技利用人工智能、大数据、区块链等技术，专注于数字化管理关键技术的研发，创建了一套全局化、系统化的数字化管理体系，对企业的数字化转型产生了积极的推动作用。

数字化管理能力的系统化建设应当从要素、管理和过程三个维度着手，其中要素指的就是技术应用，管理就是管理保障，过程就是过程管理。在要素维度，企业要创建包含数据、技术、流程和组织四要素的系统性解决方案，围绕数字化管理能力建设目标，梳理数字化管理能力建设流程，优化各个管理岗位的职责，研发关键技术，充分发挥数据的价值，夯实技术基础以全力推进数字化能力建设、运行和优化。在管理维度，企业要构建与能力相吻合的数字化管理体系，改变管理模式，建设数字化的企业文化，为数字化能力建设、运行和优化提供强有力的保障。在过程维度，企业要建立“PDCA”管理模式，即计划（Plan）、执行（Do）、检查（Check）和处理（Action），实现能力筹划、建立、运行和优化全过程的闭环管理，围绕过程管理不断创新系统性解决方案，优化数字化管理体系，规范化、系统化地推进数字化能力建设，持续提升数字化管理能力和水平。

企业推进数字化管理能力建设、运行及优化，可以利用系统性解决方案来实现，通过对数据、技术、流程及组织四要素进行系统分析，研发相应的关键技术，提供具体的实施策略。下面，我们对企业数字化能力建设涉及的一些共性技术进行具体分析。

数字孪生

数字孪生是基于需要研究的现实世界中物理对象的相关数据，在数字世界创建物理对象的数字孪生模型，达到物理对象与孪生模型交互映射、共同演进的目的。一般来说，城市、建筑、设备、产品、企业组织等实物或实体，都属于可研究的物理对象的范畴。

基于不同物理对象构建的数字孪生模型，其侧重点与用途也各不相同。企业数字化管理需要基于企业的组织结构创建数字孪生模型，对各部门、各业务线所产生的数据进行精细化分析与融合应用，输出数字化管理的决策参考，推进各领域协同共进。企业可以依托数字孪生模型在全局范围内推广数字化管理，并逐渐向智慧企业迈进。

知识图谱

知识图谱是利用信息可视化技术、共现分析、图形学等技术和理论，对知识资源及其载体进行分析和整合，绘制出相互关联的网络化图谱。知识图谱应用于企业的数字化管理，就是基于产品研制营销及企业管理等相关知识，深度研究其运行规律，建立关系网络并绘制相关的图谱，实现知识可视化，以便更好地对各环节的问题进行精确定位和深度剖析，提升企业管理与决策的智能化与科学化水平。

知识图谱对推进企业数字化管理具有不可忽视的价值，可以协助企业管理者更好地掌握、管控和优化企业海量的知识资源，结合企业内部运行特点及外部市场环境，实时优化管理决策，提升企业竞争力。

人工智能

企业推进数字化管理的终极目标是实现可持续发展，在这个过程中，人工智能也发挥着重要作用。数字化管理能够实现企业内部的数据流通与融合应用，而人工智能技术可以帮助企业实现业务自动化与决策智能化。

企业借助人工智能技术推行数字化管理，统筹各环节的关键要素数据，制定全局化决策，不仅可以在企业内部实现生产、技术、人力等资源的协同运营，而且可以推动调研、营销、维护等环节实现融合发展。另外，人工智能技术的自动化、协同性与创新性的特征能够为企业带来更多新型产业模式，典型模式如智能化生产、网络化协作及个性化定制等，为企业适应新时代日新月异的场景需求奠定雄厚的技术基础。

以上各类技术的融合运用能够帮助企业化挑战为机遇，提升数字化管理能力，实现数字化转型升级。例如傲林科技研发的“事件网络”技术，在建设企业级数字孪生体的过程中发挥了重要作用，从数据采集分析到知识图谱构建，再到数据运算等各环节，工作效率得到了大幅提升。可见，技术创新能够有效提升企业数字化转型的服务能力。

04 企业数字化管理的应用场景

进入知识经济时代后，金字塔式的组织架构和传统的企业管理模式已经难以满足现代化的企业管理要求，因此企业开始推动组织架构转向扁平化，不断提高自身对市场变化和客户需求变化的反应速度和适应能力。不仅如此，企业还要对管理系统进行优化升级，提高组织架构的弹性和灵活性，构建由专家、顾问以及多部门员工组成的，具有弹性的流动性组织，进一步革新管理模式。

在世界经济一体化和经济全球化的背景下，跨国经营成为很多企业发展的必然选择。数字化管理可以在企业跨国经营的过程中发挥重要作用。

一方面，企业开展跨国经营需要在全球多个国家和地区建设工厂和销售点。为了确保及时满足客户需求，企业必须提高采集、传输和接收生产进度、发货状况、财务资源状况等信息的速度和精准度。因此，企业需要使用更先进的资讯管理工具，借助信息技术、数字技术和网络技术强化自身的通信管理能力。

另一方面，由于市场快速变化，单一的生产方式在灵活性方面无法满足企业的经营需求。为了解决这一问题，企业需要构建柔性制造系统来适应生产变化，打造多元化的生产方式，制订科学的生产计划。在数字化管理手段的支持下，企业能够有效提升生产计划管理水平，为跨国经营提供有效支持。

随着产业分工不断细化和合作交流日益频繁，企业逐渐认识到如果无法将大量经营资源整合到企业价值链中，而是仅利用自身的资源来发展，那么将难以在市场竞争中赢得一席之地。基于价值链的数字化管理需要企业积极应对市场需求变化，在加强产品研发、营销扩张和售后服务的同时，将客户、企业内部资源以及供应链上下游的合作伙伴和客户等集中到价值链当中，不断强化对物流、资金流和信息流变化趋势的监控，从而达到增强市场竞争力和提高管理规范化程度的目的。

具体来看，企业数字化管理模式主要体现在以下三个方面。

企业生产过程的自动化、智能化

在工业生产过程中，企业可以将电子信息技术［计算机辅助设计（Computer Aided Design，CAD）、计算机辅助制造（Computer Aided Manufacturing，CAM）等］融入产品设计、产品生产和质量控制等各个环节，充分挖掘各个生产环节的生产信息，实现生产信息的高效整理、传输、存储和应用，大幅提高工业生产过程的自动化和智能化水平。

企业管理决策的网络化、智能化

在管理决策方面，企业可以将专家系统（Expert System，ES）、管理信息系统（Management Information System，MIS）、制造资源计划（Manufacturing Resource Planning，MRP）、办公自动化系统（Office Automation，OA）、计算机集成制造系统（Computer/Contemporary Integrated Manufacturing Systems，CIMS）等电子信息技术融入信息管理中，提高管理信息处理环节的自动化水平和智能化程度，最大程度地确保企业管理的科学性和高效性。

企业商务活动的电子化

企业可以利用MIS、电子订货系统（Electronic Ordering System，EOS）等计算机系统和增值网络（Value Added Network，VAN）、企业内

部网、外部网、因特网等计算机网络，对商业活动的数据和资料进行电子化处理，从而实现交易过程的无纸化和直接化。

物流、资金流和信息流是确保商业活动正常开展的关键。在传统的商业模式中，物流与资金流的运动规律备受企业关注。随着电子信息技术的不断发展和广泛应用，商业模式逐渐发生变化，信息流的运动规律逐渐成为企业关注的重点。我国企业在走向国际市场后，只有不断强化自身的信息管理能力，才能提高国际竞争力，打赢市场份额保卫战。电子信息技术的应用是企业提高信息处理能力的有效手段，因此企业应利用电子信息技术推动信息处理方式向电子化转型，充分发挥自身在信息处理方面的优势。

在未来的市场竞争中，信息处理能力将成为影响企业发展的关键因素。随着信息技术的发展和管理理念的进步，企业的组织规范、经营规范和市场行为规范都发生了质的变化。对企业来说，资金实力、经营模式、商业模式的重要性大大降低，运用现代信息技术的能力逐渐成为一项重要能力。

05　数字化管理的典型案例与策略

随着经济发展进入数字化时代，企业数字化转型已经成为必然趋势，但目前企业在技术、资源、人才等方面仍存在一定局限性，数字化转型要经历持续的迭代优化才能实现。新一代信息技术的迅猛发展与创新升级，为企业推进数字化转型创造了有利环境，企业只有加快推进各类先进科技融合应用，加快建设数字化管理体系，实现数字化转型，才能真正实现可持续发展。

企业数字化管理的典型案例

随着社会数字化发展进程的不断加快，很多央企、大型民企抓住机遇，将数字化转型作为未来五年发展的重大战略，通过数字化管理促进业务创新，提升整体竞争力，增强市场影响力和控制力，同时带动产业链上下游企业协同发展，为行业发展注入新动能，进而推动社会经济实现数字化转型与升级。下面对几家具有代表性的企业进行具体分析，如表1–1所示。

表1–1　企业数字化管理案例分析

代表性企业	具体措施
国家电网	自2020年以来，国家电网在数字新基建领域投入247亿元，全面开展数字化平台建设，部署10项重点任务，并与41家互联网企业联合开展数字化转型与升级工作，全面推进能源供应行业实现数字化发展
中国石油	计划到2025年初步完成“数字中国石油”的建设，利用数字技术为油气产业链各环节赋能，开展油气智能炼化、智能销售、智能工程等重点项目，实现原有业务的智能化升级，同时借助大数据、物联网等新技术研发新产品，培育新业务，推动企业的数字化战略落地
美的集团	以数字化转型为核心战略，全面推进产品与业务的智能化和数字化，利用数字孪生技术构建智能工厂，对柔性制造环节实施精细化管理，将数字化管理贯穿企业的全价值链，提升企业各部门的协同运行效率，拓展数字化发展模式
新希望集团	推行组织、文化再造，助力企业数字化升级，推动数字乡村振兴战略落地，赋能上下游企业及地方政府，推动国内农牧业数字化发展，提升相关业务产值
中信戴卡	将数字技术应用于轮毂的全生命周期管理，以实现轮毂的智能研制、智能生产、数字营销及智慧化服务，加速推进智能制造系统建设；同时，利用数字化技术及时掌握市场动向，分析消费者需求变化，调整集团内部生产管理结构及运营决策，带动集团业务实现数字化发展

企业数字化管理的策略

对于企业来说，数字化管理是一项长期的系统工程，需要企业与政府、研究机构、行业组织等社会各界协同合作才能实现，具体策略如下。

（1）企业应当深化与政府及研究机构的合作，联合进行技术攻关，加快数字孪生、知识图谱、人工智能等关键性技术的研发和使用，充分发挥其广泛的应用价值，统筹推进其与企业各类实际应用场景相融合。

（2）政府部门要出台创业创新扶持政策，出台相关政策文件重点帮扶初创型企业，保护拥有核心数字技术的科技创新企业，鼓励和指导民营企业加快数字技术的融合应用，倡导数字科技的研发与创新，重点支持数字科技成果的产业转化。

（3）企业应当主动承担起数字化管理关键技术研发与创新的责任，加大在基础科学技术、产业共性技术及瓶颈突破技术等领域的投入，夯实技术基础。行业领先企业要加大开源项目的研究力度，吸引国内外先进企业与高端数字人才加入，推动企业实现数字化发展。

（4）国有企业、大型民营企业等重点行业的龙头企业要率先完成数字化转型升级，充分发挥其超前的数字化意识与先进的信息化基础等优势，建设一批具有示范作用的标杆项目，带动行业内的其他企业开展数字化转型与升级。同时，重点行业的龙头企业应当充分发挥其市场驱动作用，在需求侧扩大市场数字化转型的需求规模，在供给侧引导企业大力研发数字化转型的关键性技术，促使数字化市场形成良性闭环，打造数字化市场新生态。

— 第2章 —

数字化转型：引领企业管理变革之路

01 企业数字化转型的三个条件

数字化转型是基于全球数字经济发展的大背景，利用各种技术手段推动企业的管理模式、业务模式、商业模式、战略体系、组织架构进行数字化升级与重构。

数字化转型是在数字技术的推动下形成的一种全方位、系统化的组织变革，不能简单地理解为IT组织转型。具体来看，数字化转型与传统的IT组织变革有很大不同，主要体现在以下三个方面，如表2-1所示。

表2-1 数字化转型与IT组织变革的三点不同

序号	具体表现
1	数字化转型是多种技术融合应用的结果，如SMACIT（社交、移动、分析、云和物联网的融合），与传统的IT组织变革、信息化转型有很大差别
2	数字化转型中的数字技术涵盖企业内部系统和外部生态系统，具有多样化的特点
3	数字化转型的结果要比传统的IT组织变革更加宽泛

传统的IT技术转型强调原本的组织身份，以支持价值主张为主；而数字化转型的最终结果是要形成新的组织，强调对价值主张进行重新定位。

在传统的IT技术转型中，外部环境发挥着重要作用。而在数字化时代，技术是企业实现数字化转型的关键，技术的变化很大程度上决定着外部环境的变化。因此，企业在数字化转型过程中应当深入分析和研究影响技术变化的因素。

技术、组织、环境共同构成了影响企业数字化转型的三大条件。数字技术的不断发展与应用，为企业开展数字化转型提供了技术支撑。企业在应用数字技术的过程中，其内部组织和技术得到了优化，形成了新的组织和技术，而组织和技术的互动和运行要借助外部环境来实现。

技术

新一代信息技术革命为企业的数字化转型提供了重大发展机遇。在此形势下，企业要抓住机遇，率先完成产业革命，实现高质量发展。技术变革是企业实现数字化转型的关键因素，没有技术，企业就无法顺利完成数字化转型。

在人类生产力演进的过程中，数字技术发挥着至关重要的作用。在进入工业时代之前，数字技术尚未出现，生产力发展缓慢，经济水平相对比较低；进入工业时代以后，数字技术的不断发展推动了生产力的革新，生产力水平大幅提高，经济实现了快速发展。也就是说，技术变革释放了新的生产力，创造了新的生产方式，而数字技术则为企业的数字化转型提供了核心驱动力。

组织

随着市场竞争日益加剧，企业传统的组织结构已无法适应时代发展潮流。为此，企业要充分利用新一代信息技术，提升数字化能力；借助多种数字化手段，优化企业内部组织结构，推动组织架构转型升级；结合企业自身业务特点和实际情况，重点研究、分析组织变革路径；创造良好的数字化氛围，积极推进组织实现数字化转型。

环境

企业数字化转型的外部环境由经济发展环境、国家政策环境、技术创新环境和社会文化环境组成。经济发展水平的提升为企业的数字化转型创造了一个良好的大环境；国家政策的支持为企业的数字化转型营造了一个稳固的政策环境；大数据、人工智能、云计算、AI 等新一代信息技术的发展与创新为企业的数字化转型提供了坚实的技术环境；社会文化则对企业连接社会、塑造核心价值观产生了重要影响，为企业的数字化转型创造了良好的社会和文化环境。

02　企业数字化转型的内在机制

企业数字化转型的内在机制是指企业各部门、各要素之间的运行方式和结构关系。创新、整合是助力企业实现数字化转型的两类主要机制。其中创新机制是指对过程、资源以及能力的重构与创新；整合机制是对过程、资源和能力进行优化整合，最大限度地实现共享和利用。

企业在进行数字化转型的过程中通常会面临很多问题与挑战。为了能在激烈的竞争环境中实现长远发展，企业要不断优化和更新内在机制，以增强市场竞争优势。

战略与运营是企业数字化转型创新机制的两个主要表现。前者是指数字商业战略，是IT战略和业务战略相结合催生的一种新型战略模式；后者是指数字化转型战略，数字平台功能和数字创新是其新颖性的主要表现。

相比较而言，IT战略以企业在信息化运营阶段的IT管理为主，很少进行业务开发和创新，这与新一代数字技术强调以产品和客户为中心的宗旨相背离。在战略层面，企业的数字化转型需要以数字化新视角为基点，实现新旧观念的融合创新，将IT战略与企业各种业务战略结合，实现数字资源在多个职能领域的整合、共享。在顶层设计层面，数字化转型需要与企业资源论的观点相贯通。

在数字化时代，大数据分析能力、在线信息能力、数字平台能力等数字能力成为企业高质量发展和持续经营的关键。企业想要成功实现数字化转型，必须在战略与运营层面打造以数字技术为基础、以数字创新为导向的新产品或新商业模式，导入更多人机交互的应用场景，重新规划发展战略，定义运营重点。

解锁组织、TMT（Technology，Media，Telecom，科技、媒体和通信）协调和技术灵活性，是数字化转型整合机制新颖性的主要表现。为激发自我发展和自我增强的能力，解锁组织要求企业具备动态能力和组织学习能力，作为一个有机体能够实现自我发展与自我增强；TMT协调以科学化、系统化的协调机制为基础，通过协同多个职能实现科技、媒体和通信能力的融合发展，为企业的数字化转型创造一种更加可行、更加灵活的方式；作为一种新型的数字化整合方式，技术灵活性致力于打造灵活的企业架构、增强组织间的协作能力，以助力管理者灵活决策。

03　企业数字化转型的四个层级

随着全球经济数字化进程的不断加快，企业将数字化转型视为发展的第一要务与核心战略已刻不容缓。在新时代背景下，现代化信息技术层出不穷，企业应当抓住机遇，利用数字技术为生产流程、产品价值链、组织架构、商业模式、运营模式等领域赋能，以提升数字化竞争力，实现长足发展。

企业数字化转型并非在发展过程中简单运用数字技术，而是促进数字技术与企业发展的各领域深度融合，从根源上提升数字化水平，全面打造数字协同的企业发展模式，这将是一个漫长的迭代优化、创新升级的过程。在发展日新月异的时代，企业只有开展数字化转型，才能满足客户多元化、个性化的需求，实现商业价值最大化。

企业数字化转型应当分为以下四个层次，如图2–1所示。

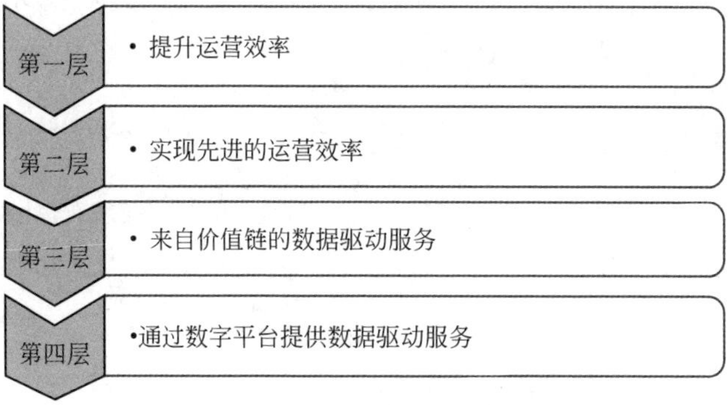

图2–1　企业数字化转型的四个层次

每个层次对应的战略目标与实施路径都不同，企业应当提前明确这些差异，制订具有前瞻性、长远性的发展计划。

第一层：提升运营效率

提升运营效率是企业数字化转型的基础，能够提升大多数企业的效益，尤其是依赖运营和管理生存的企业。从目前企业的数字化转型进程来看，绝大多数企业都处于这一层。在这个阶段，企业要做好以下六项工作，如表2–2所示。

表2–2　企业提升运营效率的具体策略

策略	具体内容
开发客户 开拓市场	客户和市场是企业获取销售收益的重要来源，而销售收益又是企业运营的基础。因此，企业必须制定合理的产品战略和市场战略，以扩大营销规模，提高销售收入
提高资产利用率	企业要提高既有资产的周转频次，缩小资产投入规模，节省成本，提升资产效能，例如可以缩短生产周期以减少资本消耗，投入更精湛的设备以提升材料转化率，提高设备利用率等
提高业务流程效率	企业可以借助数字化技术推动组织资源优化配置，促进业务流程优化升级，构建与流程、业务、组织相匹配的高效运营闭环
提高组织和 个体的决策效率	企业可以定期对组织内成员开展培训活动，培养员工形成与组织战略方向一致、目标相同的价值观，让员工认同企业的文化与价值，促使人才资源与技术资源发挥出最大价值，让员工甘愿为企业贡献自己的全部力量，在工作中投入全部热情，做出最优结果，协力推动企业向着更好的方向发展
建立良好的 团队协作	企业要时常组织关于重点项目的研讨会，充分了解员工的想法与能力，按照一定的标准分工分组，并授予员工一定的权限，以提升团队协作能力
建立信息共享平台 （如数字化平台）	企业要充分利用互联网技术，实现组织内部的信息传输与共享，推动各部门高效协作

第二层：实现先进的运营效率

销售类企业在经客户允许后，应对售出的产品进行数据收集和分析整合，了解产品使用情况，同时依据数据分析结果掌握消费者的需求变化及消费偏好，及时优化产品性能、拓宽产品研发思路，致力于打造客户最满意的产品。与第一层提及的企业侧重点不同，这里是从客户维度出发，利用数字技术开发新的价值增长点。

这一类用户数据能够推动产品研发或创新升级，提升用户体验，确定市场推广方向。但目前大部分企业仅在产品运营及用户维护过程中才意识到用户数据的重要性，而且采用的仍然是“采集信息—用户运营—产品运营”的逻辑认知。但无论企业关注的是哪一个运营模块，遵循的基本逻辑一直都是在新时代与客户、企业乃至全社会分享新一代数字技术的成果。

第三层：来自价值链的数据驱动服务

第三层是较少数已经完成第一层和第二层蜕变的企业，它们对自身目标有清晰的认知，对战略实施有明确的计划，可以充分利用数字技术挖掘产品价值链中的数据价值，利用数据驱动产品与服务创新升级，实现价值增长。

例如，通用电气公司将数字技术应用于产品研发、市场营销、售后服务等环节，实现各类用户数据的实时收集、整合分析和共享应用，并根据分析结果有针对性地调整产业链。当然其本质是商业模式的变革，盈利方式由传统的依靠产品生产和销售向数据驱动产品价值链升级转变。

第四层：通过数字平台提供数据驱动服务

第四层应当是企业能够利用数字技术创建多维度营销组织网络，通过自身的任何产品都能与其他利益相关者产生联系，形成以消费为导向的数字生态系统。但是对于企业来说，为产品找到准确的数字路径并进行扩展并非易事。

例如，企业完成产品销售后，要对用户数据和产品使用数据进行收集，借助网络平台创建一个支持共享的用户数据社区，通过大数据算法分析出用户可能感兴趣的产品或服务，并利用互联网技术搭建客户与第三方企业联系的通道，辅助第三方企业完成针对自身客户的营销行为，企业作为数字平台和媒介从中获取一部分利润，实现收入增长。

新一代信息技术在企业发展过程中的不同应用程度，结合数字生态系统的成熟度，催生了数字化转型的四个层级。在这四个层级中，企业在每一个层级的需求都不相同，应当做好自身评估，在所处的数字生态系统中充分发挥自身的优势，充分释放数据的价值，有针对性地进行投资和决策，制定符合自身发展的数字化转型战略。各类用户数据经过物联网、人工智能、大数据等技术的运作后，能够在产品优化、服务创新、产品生态系统赋能等方面释放出最大价值，助力不同的企业实现优势互补、协同共赢。

04 企业数字化转型的实践路径

企业数字化转型的实践路径大致可以分为创新商业模式、变革组织架构、转变业务模式三种，具体分析如下。

创新商业模式

在数字化时代，企业商业模式创新可以通过以下三条路径实现。

（1）买断模式向租赁模式转型。传统的商业模式以产品为标的物进行一次性销售，而新的商业模式的出现改变了这种交易方式，用租赁代替一次性交易，租赁者根据时间段或租赁进度付费。例如，蔚来汽车的租赁电池模式支持用户按月付费租赁电池；云端化的软件系统也支持用户按年付费租赁软件。

（2）“以产品为中心”向“以客户为中心”转型。在传统的商业模式下，企业围绕产品开展运营活动；而在新的商业模式下，企业开始追求以客户为中心，借助多种数字化手段全面分析、了解客户的真实需求，制定出符合每一位客户的个性化产品方案。

（3）“实物”模式向服务模式转型。在新时代背景下，消费者的消费方式和消费观念发生了变化，从注重产品本身向注重产品服务转变，促使企业对商业模式进行优化升级，从卖实物向卖服务转型，不断丰富产品内涵，延伸产品价值链，为客户提供个性化、定制化的服务，增强客户的满意度和体验感，不断提高产品价值。

变革组织架构

研究数字化对企业组织架构产生的影响，首先必须明确两个问题：一是数字化时代背景下传统的组织架构是否适用，需要作出哪些调整？二是数字化时代需要构建怎样的组织架构？

在数字化时代，数字经济迅速发展，辐射范围不断拓展，新的消费方式和技术改变了人们的工作方式和生活模式，新商业模式的出现对企业发展产生了深刻影响。这些是研究、解答以上两个问题必须思考的内容。

决策是企业开展运营活动的核心环节，因此，在数字化时代，企业组织架构的建立健全必须将精准决策、快速决策作为核心。一方面，精准决策、快速决策可以帮助企业对复杂的信息进行梳理，从中获取有价值的信息、资源和数据；另一方面，精准决策、快速决策可以帮助企业适应新商业模式下的各种变化，抓住有利时机实现快速发展，为企业构建新的组织构架、实现快速增长提供有利条件。

在数字化时代，大多数企业的组织架构设置或多或少地存在一些问题，企业应该改变多层级的组织架构，采用扁平化管理的方式，优化管理层级，对具备专业能力和丰富经验的一线员工适当放权，精简决策流程，提升决策效率，具体策略如表2-3所示。

表2-3　扁平化管理方式的构建策略

策略	具体内容
减少决策中涉及的人员	在新组织架构的决策中，企业要打破部门界限，让更多一线员工参与决策，集思广益。因为一线员工与客户频繁接触，对客户的需求了解得更为全面，但也要避免参与决策的人员过多，导致议而不决，降低决策效率
从层级制转化为合弄制	传统企业的组织架构层级分明，决策往往自上而下地进行。合弄制采用无领导管理模式，打破了层级界限，赋予员工新的角色和决策权，让员工参与组织架构的创建过程，可以有效激发员工的想象力和创造力，提高决策效率，进而提升企业在市场中的竞争力

转变业务模式

R&D（Research and Development，研究与开发）、IT、制造、物流、销售、营销、售后、人力资源、采购、财务是一家典型制造业涉及的主要环节。在新的商业模式下，大多数制造企业的业务模式将发生以下转变。

（1）产品开发模式的转变。从传统的产品开发模式向R&D产品开发模式转变，软件成为主要工具，员工变身为软件工程师。产品形态的变化，从依靠产品需求向依靠软件升级转变，产品开发过程更加灵活，产品质量得以大幅提升。在市场应用端，产品可以在多种场景中得到有效运用。

（2）市场和销售模式的转变。从传统的以产品为中心向以客户为中心转变。在数字化时代，产品将作为一种载体连接企业与客户，便于企业对客户的真实需求进行精准分析和把握，从而实现产品定制和个性化服务。同时，企业可以借助各种数字化手段绘制精准的客户画像，明确客户定位，为复杂市场环境中定价策略的研究与制定提供重要支持。

（3）制造模式的转变。从传统的制造模式向智慧工厂4.0转变，制造流程优化升级，模块化组装变为现实，产品实现长远运营与发展。

（4）物流模式的转变。从传统物流向智能物流转变，企业的物流流程更加便捷、高效、透明。

— 第3章 —

长期主义：如何应对不可预知的未来

01 黑天鹅时代，企业应该如何生存？

2020年突然暴发的新冠疫情成为一个典型的“黑天鹅”事件，但在此之前，比尔·盖茨早有预料。在2015年的TED演讲中，比尔·盖茨预测：“如果有什么东西在未来几十年杀死上千万人，最大可能是某个高度传染的病毒，而不是战争。”

从个别国家少数人感染到全球蔓延，从疫情流行到石油价格猛跌、资本市场动荡，这些都展现了世界的复杂关联性与非线性。在这种情况下，我们不能将新冠疫情的流行看作一个偶然事件、一个独立事件，应该将其视为VUCA时代的信号。

黑天鹅从边缘飞起

黑天鹅事件指的是极不可能发生，但又真实发生的事件。虽然黑天鹅事件难以预测，但不是不能分析。面对频繁发生的黑天鹅事件，人们开始追根溯源，思考为什么会发生黑天鹅事件，黑天鹅事件为什么越来越频繁，为什么人们总是低估黑天鹅事件的影响力。在现实生活中，除自然灾害诱发的黑天鹅事件之外，剩余的黑天鹅事件都源于人类的社会活动。因此，对于黑天鹅事件的研究需要深入人类社会活动。

从本质上看，黑天鹅并不是一个事件，而是一连串的变化。起初，黑天鹅事件可能只是一个微小的变化，但借助特定的路径与机制，这个变化迅速扩散，引发一连串新变化，影响范围不断扩大，最终形成巨大的冲击力。以新冠疫情为例，起初可能只有一个人感染病毒，然后一传十、十传百，传播范围不断扩大，最终向全世界蔓延。

人们通常认为黑天鹅起源于边缘地带。例如，埃博拉、艾滋病、SARS、新冠肺炎等疾病大多来自人与动物的交界处，一些古老的病毒通过动物传给人，然后在人群中传播扩散，引发较大的危机。再如，2008年的金融危机，起初只是美国的住房贷款机构不断扩大客户范围，将钱借给无力偿还的低收入群体。因为这部分人无法按时偿还贷款，引发了整个金融系统的危机，最终危机扩散至全球。

某个事件发生只是黑天鹅事件形成的第一步，事件沿着某个社会网络不断扩散，影响范围不断扩大，达到能够“改变一切”的效果，才能成为真正意义上的黑天鹅事件。此次的新冠肺炎病毒就是借助复杂的社交网络、交通网络、商业网络迅速扩散，在全球蔓延。

黑天鹅的“温床”

黑天鹅事件的发生离不开三个条件：一是初期的变化，二是边缘地带起源，三是巨大的传播网络。现代社会发展的动态化与复杂化都对这些条件的形成产生了积极的促进作用。其中，动态化指的是社会的变化速度、创造变化能力大幅增强；复杂化指的是事物的构成要素与影响因素越来越多，种类越来越繁杂，这些因素之间的交互关系越来越复杂。

结合对黑天鹅事件发生条件的分析可知，在复杂性与动态性的交互影响下，黑天鹅事件的发生概率将大幅提升。也就是说，某个角落发生的一个微小变化，极有可能沿着复杂的、动态的社会网络传播扩散，形成影响力巨大的黑天鹅事件。简单来说，复杂化与动态化的交互之处正是黑天鹅的“温床”。

要想对黑天鹅事件作出深刻理解，还要注意另外一个条件，即控制与协调机制的缺失。意识到人类活动的复杂化和动态化可能诱发黑天鹅事件之后，人类也在努力控制风险，例如，强化政府功能、创建行业协会与地方商会、构建企业联盟、借助联合国和WTO（World Trade Organization，世界贸易组织）等组织完善跨国协调机制等。但总体来看，这些协调机制的发展比较滞后。

02　韧性组织：不确定性时代的生存法则

面对不知何时就会发生的黑天鹅事件，企业必须调整思维方式，建立终极意义上的危机感。以此次影响甚广的新冠疫情为例，疫情给很多企业造成了巨大的冲击，让企业家认识到面对突然发生的黑天鹅事件，企业有多么脆弱。在企业生死存亡之际，企业家必然要思索生存策略，此时他们大脑中的杏仁体就会开始工作。

杏仁体主管人类的情感，对害怕、恐惧等情绪非常敏感，在强烈的情感刺激下会形成长期记忆。在之后的工作生活中，一旦有类似的刺激信号出现，在杏仁体的作用下，人就会进入应激状态。基于这一原理，此次的新冠疫情必然会让企业家形成初步的危机感。

但也必须认识到，以情感体验为基础的记忆具有应激性、原始性。对于这段痛苦的记忆，人可能会下意识地不去回想。因此，即便大脑的杏仁体保存了这样的记忆，也要进行理论化、系统化的处理，实现感性与理性相结合，让企业家体验到超越一时一地的感性体验，从而建立终极意义上的危机感。当然，终极意义上的危机感并不是要让企业家感到悲观、绝望，而是刺激企业家认真思考、大胆行动、勇于创新，增强企业抵御风险的能力，防患于未然。

除了形成终极意义上的危机感之外，为了在黑天鹅时代更好地生存，企业可以采用"长期主义"的基本原则和框架，如图3–1所示。

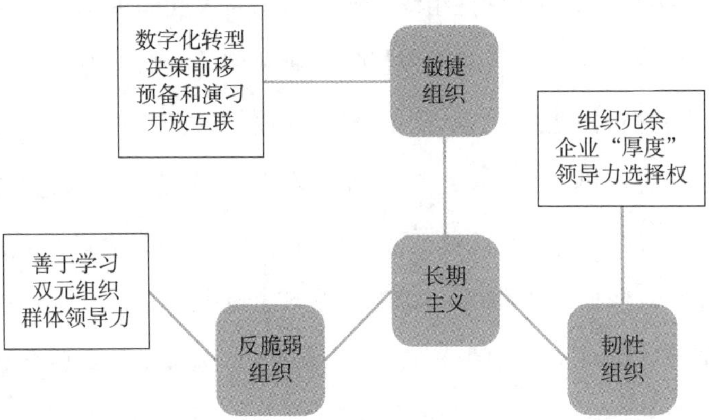

图3–1　"长期主义+X"的原则框架

过去，国内流行"机会主义""风口主义"，而"长期主义"的引入对改变这种思维具有极其重要的意义。简单来说，"长期主义"就是长期坚持做正确的事。从企业发展维度来看，长期主义就是坚持做有助于企业形成竞争优势的事。

在黑天鹅时代，对于企业来说，形成“长期主义”思维的重要价值就在于获得一定的确定性，即以内部的确定性应对外部的不确定性。在这种确定性的基础上，企业必须保持一定的变化，不断地对组织原则、组织结构进行调整。这中间体现了一个非常重要的组织理论——权变理论，即“组织结构应与外部环境在性质上保持匹配”。

简单来说就是，如果企业所处的环境简单且稳定，就可以采用直线职能制式样的机械式组织结构。如果企业所处的环境比较复杂，而且处在实时变化状态，就必须向下分权，采用矩阵式的组织结构。如果企业所处的环境复杂程度更高，变化速度更快，就要采用灵活、机动的有机式组织。

也就是说，在黑天鹅时代，企业的组织结构要逐渐转变为有机式组织。至于这种有机式组织是什么形态，还需要进行更多理论研究与实践探究。下面我们分别从韧性组织、敏捷组织与反脆弱组织三个层面来分析企业的“长期主义”策略，以提升企业抵御风险的能力。

我们首先对韧性组织进行简单分析。所谓“韧性组织”是指能够承受打击，并且可以迅速复原的组织。韧性组织的打造首先要做到组织冗余，例如在资金方面，组织要储备3～6个月的资金，尽量少贷款、不贷款。从现实情况看，企业危机的第一个表现就是现金流中断，从而引发财务危机。尤其是那些负债率比较高的企业，一旦金融机构发现危险，就会立即抽走资金，或者实施资产保全，从而引发一系列反应，导致企业陷入财务危机。

组织行为学领域有一个概念叫心理契约，指的是双方隐含的期待与承诺。企业的“厚度”可以用心理契约的强度进行解释。企业与员工之间心理契约的强度越大，在危急时刻，员工越有可能挺身而出，帮助企业渡过难关。

需要注意的是，心理契约不只存在于企业与员工之间，还存在于企业与顾客之间、企业与合作伙伴之间、企业与供应商之间。心理契约的强度越大，企业越容易获得这些利益相关者的支持。

对于企业来说，领导力直接影响着企业未来的发展。领导力不强会在一定程度上制约企业发展；相反，如果领导力强大，就能让员工各展所长，共同推动企业实现更好的发展。除此之外，领导力还与企业的生死存亡密切相关，可以称其为企业“最后一口气”。企业只有提高领导力，屏住“最后一口气”，才能增强员工的信心，提高解决问题、抵御风险的能力，获得广阔的发展空间。

从某种程度上看，企业发展就是要拥有选择权，前面所说的储备足够的资金就是获得选择权的一种方式。按照这种逻辑，企业可以在业务、供应商、客户、人才、区域等方面进行各种尝试，掌握更多选择权，从容应对未知的风险。

03　敏捷组织：提升企业快速反应能力

敏捷组织具有较强的反应速度与能力，可以有效应对快速多变的内外环境。在现阶段，市场环境瞬息万变，早已成为企业最大的挑战，但大多数企业还没有做好应对准备。从少数敏捷组织的形成来看，敏捷组织的构建至少要做好以下四点。

数字化转型，数据驱动行为

无论在任何时代，新技术都是推动企业发展的主要动力之一。企业想要更好地应对外界环境的变化，就要秉持开放思维，积极引入新技术，并将新技术的功能与作用全部发挥出来。就目前的形势看，企业需要积极引入大数据、人工智能等技术实现数字化转型，充分挖掘并释放数据的价值，让数据驱动企业发展。

决策前移，让组织翻转

企业在数字化转型的过程中，虽然会用部分自动化机械设备取代部分人工，但不会完全取代人工，其原因有三点。

- 数字化不是万能的，一些场景下的信息无法实现数据化，而且机械设备、人工智能无法与人进行情感交流，只能满足人的部分需求。
- 数字化不是独立存在的，需要嵌入具体的流程。虽然任何流程都可以优化，但最有可能发现优化契机的就是一线主管与员工。
- 人工智能虽然可以提高工作效率，但不具备创造性、创意性与创业性，凡是涉及这些方面的工作都要由人主导完成。

预备和演习，打有准备的仗

企业的预备和演习可以发生在采购、生产、销售、公关、财务、管理等各个环节，模拟很多情况。企业虽然看起来强大，但在黑天鹅事件面前可能不堪一击。企业想要提高抵御风险的能力，做好日常的预备、演习非常重要。

预备、演习大多发生在运营层面，而敏捷组织创建的难点可能在战略层面。以此次新冠疫情为例，企业管理者要从此次事件中吸取教训，引入周期性的“压力测试”，与行业和企业的特点相结合，发现企业内部薄弱环节，并进行调整、制定预案，以便更好地应对突发风险。

开放互联，捕捉最前沿

与前面三个策略相比，开放互联的时点需要前置。如果能够捕捉到更前沿的信息，企业就有可能对未来作出更精准的判断，提前预测可能发生的黑天鹅事件。

在开放互联方面，任正非提出一个理念——“一杯咖啡吸收宇宙能量”，鼓励专家前往世界各地的各个场合去喝咖啡，吸收他们的思想与理念。一般的企业和企业家很难做到这一点，但“三人行，必有我师焉”，多与人沟通交流总能有所收获。

对于企业来说，开放互联未必需要马上去做，可以先了解、多思考，做好准备，多尝试，提高对未来不明风险的应对能力。

04　反脆弱组织：有效抵御黑天鹅风险

现代化有一个非常重要的前提条件，就是社会是可理解、可设计、可改造的，在此基础上诞生了统计学理论、线性科学、“效率”和“优化”等概念。纳西姆·尼古拉斯·塔勒布（Nassim Nicholas Taleb）在《反脆弱》一书中对现代化这一概念进行了解释，认为“现代化就是系统地将人类从充满随机性的生态环境中驱逐出去，包括物理的、社会的，甚至认识论的生态环境”。

在现实生活中，为了更精准地预测未来，人们创造了很多模型、理论与算法。但事实上，现实生活远比人类记忆的生活更加复杂。人类的大脑会将过去发生的事件以更平稳、更线性的状态表现出来，却在一定程度上忽略了事件发生的随机性。在这种情况下，人类很难作出与现实逻辑相符的历史分析，自然也无法预测罕见事件的发生，这就导致所有的精准预测与回溯解释都无法令人相信。

复杂系统内部往往充斥着大量人类难以察觉的相互依赖关系与非线性反应，人造系统只能描摹其外形，呈现一些表层的内容，无法将其内在的关系反映出来，因此会引发一系列连锁反应。在现代社会，随着人为因素大量增加，社会运转对人为设计的复杂性产生了较强依赖，在一定程度上提高了“黑天鹅”事件发生的概率，增强了单起事件的冲击力。

另外，由于低估了现实生活的随机性特征，当人们再次遇到随机性时就会心生畏惧，想方设法设计一些可以规避风险、抵御不确定性的系统。殊不知，正是由于人类的这些过度活动，反而导致不确定性事件高频率地发生。

人类希望通过精准的预测奔向美好的未来，但往往事与愿违，人类臆想中的精准预测往往会招致更多风险。在这种情况下，人类应对不确定性的更好做法反而是拒绝预测，保持足够的灵活性，以降低各种风险的发生率。

反脆弱是一个比复原力、强韧性更高阶的概念，指的是可以从波动中获取利益的能力，是对企业提出的新要求。那么，企业怎样才能具备反脆弱力，从波动中获取利益呢？

善于学习，鼓励尝试，宽容失败

企业如果在运营过程中遇到波动可能会遭遇失败，但“失败是成功之母”，如果企业能从失败中提取有价值的信息，就能从波动中获得提升，达到反脆弱的目的。这种能力可以通过复盘学习获得。鉴于此，企业可以在岁末年初进行复盘，对过去一年的工作得失进行深入分析，总结经验、吸取教训、调整方向，形成自己的方法论。

两手抓，两手硬

在未知事件频发的黑天鹅时代，企业既要整合资源大力发展主营业务，提高主营业务的回报率，稳定企业的现金流，又要及时开展探索性活动，拓展更多新业务，做到“两手都要抓，两手都要硬”。

需要注意的是，因为黑天鹅事件具有非连续性特征，因此，企业壮大主营业务、拓展新业务也要具有非连续性，也就是要积极开展探索性业务。但这种方式与企业传统的战略逻辑和管理模式相背离，可能会给企业带来一定的挑战。

群体领导力，让英雄冒出来

前面已经讨论过领导力对企业发展的重要性，而且已经形成了某种共识。但是，企业的领导力不应该是依赖于某一个人，而应该是依靠企业集体的智慧。也就是说，相较于个人领导力，企业更需要群体领导力。

未来，随着人类社会不断发展，将有越来越多的黑天鹅事件发生。但很多证据证明，面对不知何时爆发的黑天鹅事件，大多数企业没有做好准备。为了解决这一问题，增强对未知风险的抵抗力，企业首先要转变思维与观念，引入长期主义思维，建立终极意义上的危机感。其次，企业还要尝试对组织进行变革，吸取借鉴敏捷组织、韧性组织和反脆弱组织的优点，结合自身的实际情况，找到适合自己的组织形态，抵御黑天鹅事件带来的各种冲击，实现更好的发展。

第二部分
技术赋能

— 第4章 —

AI驱动：赋能企业数字化转型升级

01　AI赋能企业数字化转型

随着数字信息技术的广泛应用，信息产业对经济发展的影响越来越大。从经济形态上看，现阶段，全球各国都在积极推动工业经济向数字经济转型。新冠疫情的暴发和国际经济环境的变化，为我国经济发展带来了巨大的困难，高要素成本、低发展动能、强国际市场竞争等问题已经成为我国许多企业面临着的阻碍。在这种情况下，数字化转型成为企业实现高质量发展的必然选择。

对企业来说，AI技术是改变商业环境和经营条件、革新发展格局、提升生产率的关键，也是实现数字化转型的重要工具。但很多企业由于内部人员缺乏对AI技术的了解，所以无法充分利用AI技术推动数字化转型。为了解决这一问题，企业应增强内部员工对AI技术的认知，积极探索AI技术在企业数字化转型中的作用，加快AI技术在各个关键场景的深入应用，充分利用AI技术为数字化转型赋能。

驱动传统产业创新

AI技术能够通过产业升级方式的革新对零售、运输、旅游、医药等各个传统行业进行革新，助力企业发展新业务，改变业务模式，优化商业模式，应用新技术改变生产关系，实现数字化转型。在新冠疫情的刺激下，部分企业将AI技术应用到各项业务当中，通过加强AI技术应用实践，探索新的业务领域。例如，在营销领域，企业利用AI技术开展精准营销；在医疗保健领域，医疗机构利用AI技术开展远程医疗，推动个性化医疗保健服务、精准医疗处方等业务落地，从而降低护理成本，提高医疗水平和服务质量，规避医疗风险。

提升企业管理效率

AI技术的应用有助于企业提高效率、降低成本、防范风险。具体来说，AI技术的应用革新了企业的工作方式，能够推动工业生产实现智能化、自动化，让机器代替人力完成一些烦琐、重复、低附加值的工作，让业务人员投入高附加值的工作当中，这既能够提高劳动生产率，也可以为企业创造更高的效益。与此同时，AI技术的应用还能够大幅提高预测的精准度以及资产维护和管理效率，降低预测成本，让企业以数据为依据制定更加科学的管理决策，从而有效规避风险，及时发现潜在机遇。

优化企业业务流程

AI技术能够在市场营销、生产制造、质量控制、供应链管理等各项业务中发挥作用，帮助企业优化业务流程，将数据作为企业重要的生产要素，以数据流带动技术流、物资流、资金流和人才流，优化资源配置，同时通过数据分析实现对客户需求、业务流程和业务价值点的深入挖掘，助力企业创新发展。以AI技术在人力资源管理中的应用为例，企业可以借助AI技术对人力资源管理的各个方面进行差异化管理，吸引优秀人才，建设高质量的人才体系。

改善企业政务服务体验

AI技术在电子政务、公共服务等方面的应用可以简化办事流程，提升公共服务效能，缩短办事群众等待时间，提高政务服务的针对性和主动性，辅助政务服务机构为办事群众提供更优质的服务。同时，AI技术的应用也有助于提高决策的科学性、公平性和高效性。

具体来说，机器学习在各个行政机关、税务机关和法院等单位的应用能够有效减少办事手续，简化办事流程，提高办事效率，确保政务服务的高效性；自然语言处理和文本挖掘技术的应用既可以大幅提高商业纠纷解决效率，也能够降低商事审判成本，节约商业纠纷审判资源；神经网络技术的应用实现了对信用报告数据的深入挖掘和精准分析，可以帮助金融机构更精准地预测信用风险，降低贷款成本，为高信用企业的融资活动提供支持；AI技术和人员分析系统的应用有助于企业评估员工绩效水平，并以此为依据作出招聘、解雇等决策。

02　AI技术在智能客服领域的应用

随着AI技术的飞速发展和广泛应用，人们的工作方式和生活方式发生了巨大的改变，特别是当各类智能设备遍布社会生活的各个领域后，人们生活的便捷程度得到了大幅提高。在现阶段，AI技术在客服领域有着十分广阔的发展空间。AI技术在呼叫中心客服系统中的应用可以提高客服系统的智能化、自动化程度，以及客户服务的质量、水平和效率，降低人力成本，提高整体的运营管理效率。

智能语音导航

智能语音导航是一种融合了自动语音识别、自然语言处理、语音合成等多种人工智能技术的智能化应用，能够以智能语音导航解决方案代替传统的互动式语音应答（Interactive Voice Response，IVR），实现语音菜单的扁平化，从而提高业务办理效率和服务质量。

客户可以通过智能IVR直接表达业务需求，智能化客服系统能够识别、分析客户的业务需求，并向客户提供扁平化的语音菜单，让客户享受到更加便捷高效的服务。不仅如此，智能IVR还可以融合大量业务知识，为客户提供直接智能问答服务，从而全方位优化用户的服务体验，并达到降低客服成本和缓解工作人员的服务压力的目的。

智能IVR融合了智能语音识别技术，能够利用定制的语音识别引擎对客户语音进行精准识别，进而实现智能化的人机语音交互，为用户提供更加优质的服务。具体来说，智能IVR中的语音识别引擎可以利用大量文本数据进行个性化训练，对客户语音信息进行多维度、深层次、高准确率的语义理解，还可以借助语音合成技术实现个性化语音合成功能，根据不同的应用场景和客户需求提供不同的音色、音调、语种、语速等，实现按需定制语音服务。现阶段，我国已有许多大型银行的呼叫中心配备了智能语音导航，借助智能化的应用提高呼叫中心的服务水平，与用户开展智能交互。

智能语音外呼

随着客服与运营之间的关系越来越紧密，呼叫中心的运营成本日渐增高，并开始从成本中心向利润中心转型。随着企业在呼叫中心转型方面的探索逐渐深入，客服的服务职能开始增多，营销职能逐渐成为客服的服务职能之一。

在现阶段，客服营销的主要方式是电话外呼。与被动接听电话的服务方式相比，电话外呼存在用户接通率低、用户接受程度低、营销成功率低等不足，给客服中心造成了较大的营销压力。

一般来说，客服中心需要通过向大量用户进行营销来提高营销的成功率，而智能语音外呼机器人系统能够根据电话销售和电话营销业务专门设置语音外呼流程，并在确认用户身份后依次展开营销引导、营销信息确认等工作，可以有效提高营销的效率和成功率。

智能营销外呼机器人具有沟通交互自然流畅、标准统一等优势，能够代替人力高质量完成大量重复外呼工作，同时也可以随时与人工外呼切换。以人工外呼与机器人外呼相结合的方式进行外呼营销，不仅能够大幅提升营销效率，也能够减少企业在人力营销方面的成本投入。

除营销外，智能语音外呼机器人还可以应用于催收账款、潜在客户激活、客户回访等多种业务，为企业开展各项外呼业务提供方便。未来，除机器人语音外呼外，企业还可以将语音识别、语音播报、自然语言处理等多种人工智能技术与机器人技术融合，设计一款具有智能语音交互功能的全智能语音交互机器人，进一步提升机器人的服务效率，扩大机器人的服务范围，节省更多人力资源。

声纹认证

信息查询、业务受理、业务变更等与信息资料相关的客户服务，均需要进行用户身份验证。一般来说，传统的热线客服大多采用电话按键输入密码的方式来确认用户身份。

现阶段，许多企业则将声纹识别技术融入客服服务，利用声纹来确定用户身份。具体来说，声纹识别技术能够采集声信号，并将其转换为电信号，再利用计算机、声纹识别模型等对电信号进行识别和比对，从而辨认说话人的身份，实现声纹认证功能。

企业可以搜集大量语音数据并将其作为训练数据来优化声纹识别算法，提高声纹识别的准确率。在现有的技术条件下，声纹识别的误差不足千分之一。不仅如此，部分声纹识别引擎还能够对声纹信息进行多维比较，避免因为录音或语音播报文语转换（Text To Speech，TTS）等问题造成攻击风险。在现阶段，许多行业领先的服务型企业已经将声纹识别技术应用到各项涉及身份验证的工作中，进一步提高了安全性、工作效率和客户满意度。

03 AI在企业财务管理中的应用场景

在企业的财务管理工作中，财务部门需要对各项数据进行整理、核实，并根据数据编制相关报表。而企业的工作模式、工作内容等均存在许多相同之处，不仅会为财务部门的工作人员增加许多不必要的工作，也会导致企业在财务管理方面花费更多的人力资源成本。除此之外，财务部门的工作人员在工作时可能会因为缺乏耐心、责任心等出现纰漏，给企业发展造成不利影响。而企业利用机器人来完成财务管理工作则能够有效解决这类问题，同时也能充分保障工作质量和工作效率，获得更高效益。

由此可见，企业可以将人工智能应用到财务管理中，用人工智能代替人力来完成电子收银、自动对账、财务集成等大量重复性工作，从而达到提高财务工作效率的目的，避免数据处理工作受到人为因素的影响，提高数据处理的准确率。与此同时，脱离了简单重复性劳动的财务人员也会有更多时间和精力去完成一些高价值的工作，进一步强化企业的财务管理，达到促进企业健康发展的目的。

财务数据识别分析

数据分类和数据整理是企业财务管理的基本内容，也是影响企业未来发展的重要工作。企业将人工智能融入财务管理主要用来完成财务数据识别和财务数据分析两项工作。一方面，企业在进行财务数据识别时应预先对财务数据进行整理、分类和模糊处理，确保数据处理的效率和质量，避免出现数据错误，稳固财务管理的根基；另一方面，企业在进行财务数据分析时应预先对财务数据进行板块划分和专业性整合，运用数据模型对数据进行验证，根据验证结果判断财务风险，为企业领导层决策提供数据支撑，以便规避财务风险，提升企业经济和社会效益。

与人力运算相比，计算机具有运算速度快、运算准确率高等优势，能够精准高效地分析财务数据，大幅提高企业财务数据分析水平，降低数据计算环节的出错率，帮助企业及时防范财务风险，在提高企业财务管理效能的同时使企业避免因财务风险蒙受损失。

财务数据审计核算

在大数据时代，社会和经济飞速发展，企业的财务部门需要处理的数据快速增多，财务数据的复杂性迅速攀升，给财务工作人员带来了巨大的工作量和工作压力。而财务工作人员长期在高压环境下工作极易出现失误，如果工作人员在数据审计与核算工作中出现错误，就需要花费大量时间和精力重新对数据进行审计与核算，不仅增加了工作量，还会严重影响工作进度，对企业运营和发展造成不利影响。

企业使用人工智能对财务数据进行审计与核算，只需要提前在计算机中编写好核算范围和计算方法，就可以对数据进行精准高效地计算和统计，不仅能够大幅提高数据审计核算的效率和准确率，还能将财务人员从烦琐的数据处理工作中解放出来。除此之外，企业还可以在数据录入、数据比对、数据分析等环节对大数据、云计算、区块链等多种技术进行集成应用，根据相关数据精准预测未来的投融资趋势，实现高质量的投融资。

企业经济前景预测

以往企业在预测未来的经济发展情况时往往依赖财务工作人员的经验，需要由财务工作人员根据经验对企业的发展情况进行评估。目前，人工智能技术的相关应用逐渐成熟，企业可以利用会计机器人整合、筛选和分析技术人员提供的数据信息，生成更加全面的预测报告；也可以利用会计机器人对数据进行多角度、全方位分析，以不同的理论模型和历史数据为依据，生成针对各个方面的数据评析报告。

具体来说，当企业估算利润时，以往财务工作人员只能参考过往经验和单一的数据模式，导致估算结算缺乏全面性和准确性。而人工智能机器人拥有强大的数据计算能力和多种多样的数据模型，能够对环境进行实时模拟，在对各项数据进行高精度、全方位地分析计算后确定企业利润。

智能化的信息共享

为了在市场竞争中赢得一席之地，企业不仅要扩大信息采集渠道，还要确保信息采集的精准度和及时性。为此，企业可以利用人工智能技术集中管理各项财务信息，并利用企业资源计划（Enterprise Resource Planning，ERP）系统搭建财务数据信息共享平台。通过该平台对各项有价值的信息进行分类处理，利用各种技术提高信息共享环节的智能化程度，为不同系统、不同区域之间的数据交互和信息共享提供方便，使企业的管理人员和财务工作人员可以及时通过该平台获取工作所需的数据信息，助力企业发展。

信息共享平台为企业提供了实时获取行业信息的渠道，让企业可以借助网络获取行业发展趋势等所需的数据信息，并根据这些数据信息进行决策，规划未来的发展方向，提高企业决策、管理和运营等方面的能力，为企业实现高质量发展提供强有力的支撑。

04　基于AI的智能办公解决方案

大数据、互联网、云计算、人工智能等新兴技术的发展和应用革新了人们的办公模式，提高了办公的智能化水平。基于云计算等新兴技术的智慧办公是一种能够对企业办公所需的各类软件和硬件进行统一部署、交付和智能化管理的办公模式，有着十分广阔的发展前景。目前，智慧办公已经成为多个行业、多方资本关注的重点。

技术的快速进步促进了办公模式的升级优化。在传统的办公模式下，办公场所具有封闭、统一的特点，员工需要在固定的办公场所内打卡办公，各个部门、各方人员之间的交流主要是线下交流。而在现代化的办公模式下，员工可以不受办公场所和办公时间的约束，随时随地处理各项业务，利用网络完成线上打卡、线上交流、线上提交文件等多种工作，进而实现高效办公。

随着办公需求越发多元化，在线办公应用的功能也变得越来越丰富、强大。初期的在线办公应用只具备沟通功能，随着技术进步和应用升级，在线办公应用逐渐增添了打卡、协作、汇报等管理功能和协作功能。近年来，随着新一代信息通信技术飞速发展，在线办公应用与各类新兴技术融合，逐渐发展出日程管理、文档协作、音视频会议等更加多元化的功能，能够为工作人员提供更多方便。

大数据、物联网、云计算、人工智能等新兴技术在办公领域的应用，大幅提高了办公模式的智能化程度。以基于AI技术的智能办公系统为例，该系统具有智慧前台、智慧停车、智能排班、视频会议、无线投屏、多屏联动、空气质量检测、智能灯光控制、智能灯光调控、办公自动化（Office Automation，OA）系统、无感人脸识别考勤等多种智能化应用，能够大幅提高企业的管理效率，为工作人员提供智能化的办公体验，有效激发工作人员的工作热情。

（1）人脸识别系统。基于人脸识别技术的人脸识别系统具有出入管理、门禁考勤、来访登记、智能报警等多种功能，既能为员工进出和考勤打卡提供方便，也能在确保来访人员顺利进出的同时防止陌生人闯入，充分保护企业内部安全。

（2）音视频系统。音视频系统是融合了电话会议系统、视频会议系统、远程会议、高清投影仪+投影幕等多个子系统和众多相关设备的应用系统，能够在各种应用场景发挥作用，提高沟通效率，节约沟通成本。但音视频系统的应用对设备也有比较高的要求，一般来说，高性能、标准统一的设备能够更好地实现音视频系统的各项功能。

（3）会议预定系统。会议预定系统具备手机预约、邮件预约、前台预约、会议室门口预约屏预约等多种预定方式，实现了对预定全过程的升级优化。具体来说，会议预定系统主要有以下几项功能，如表4-1所示。

表4-1　会议预定系统的五大功能

功能	具体应用
会议室门禁权限管理	会议预定系统可以为参会人员授权，同时限制非参会人员进出会议室
会议室预约的提前取消和自动续时	当会议日程出现变动时，会议主办人员可以通过会议预定系统提前取消预约，释放会议室资源；当会议延长时，会议预定系统也能够自动续时
预定冲突处理	当出现两方或多方人员同时预约同一会议室的情况时，会议室预定系统会提前向各个预约方发送信息，将预定问题交由各个预约方协商解决
会前准备	会议室预定系统能够与会议室内的影音（Audio Visual，AV）系统协作，在会议开始前预先了解会议类型，并自动调试相关设备
个性化设置	各个公司所使用的会议预定系统需要根据自身需求设计各项功能，因此会议预定系统具有较强的针对性，能够统筹各项资源，助力企业实现高效办公

（4）办公自动化系统。办公自动化系统具有考勤统计、自动排班、工资结算、加班请假审批等功能，能够利用现代化的设备和技术在线上

高效处理各项办公事务和业务信息，并优化工作协调方式，通过无纸化智能办公达到节约资源和保护环境的目的。

智能办公系统融合多种AI技术，创新了办公场景和办公模式，提高了工作环境的智能化程度，为员工工作提供方便，进一步提升了工作人员的工作效率，充分保障了工作人员的利益和企业效益。与此同时，智能办公系统也在一定程度上实现了节能环保，为企业未来的发展提供了强有力的支持。

智能办公系统的落地离不开大数据、人工智能、视觉算法、图像算法等先进技术的支持。未来，人工智能将持续为智能办公系统赋能，进一步提高办公系统的智能化水平。

— 第5章 —

数据智能：重塑企业生产管理模式

01　个性化定制：构建C2M生产模式

随着消费的不断升级，用户需求越发多元化、个性化，对定制化服务提出了较高的要求，而且越来越重视产品服务与消费体验，倒逼生产端作出一系列改变。同时，数字技术在企业生产领域的广泛应用也促使企业颠覆了传统的生产运营模式，全面推动生产模式创新，形成了一种数据驱动的生产运营模式。下面，我们对大数据对企业生产模式的重塑问题进行具体探究。

在供给决定需求的时代，生产企业在整个交易流程中占据着主导地位，而且生产活动都要按计划进行。为了保证生产计划的科学性，企业必须提高销售预测的准确性，因为所有工作都要围绕销售预测结果展开。

但因为生产企业与消费者之间存在经销商，二者无法直接接触、沟通，导致生产企业无法了解消费者的真实需求，消费者也无法将自己的真实需求以及对产品的反馈传递给生产企业，导致生产企业的销售预测结果不准确，生产的产品无法最大程度地满足消费者的需求。

在数字经济时代，由于互联网、大数据、人工智能等新一代信息技术应用于生产领域，从而创造了一种新型的生产模式——C2M（Customer-to-Manufacturer，消费者直连制造商），给传统的生产模式造成了巨大的冲击。

在这种生产模式下，消费者可以将自己的产品需求直接反馈给生产企业，生产企业可以根据消费者的需求组织生产，促使传统的“生产—库存—销售”模式转向以销定产模式。除此之外，消费者还可以参与到产品设计、生产、服务等环节，通过终端对产品的生产情况进行动态跟踪与实时监控。

在传统生产模式下，制造企业只能与经销商、批发商、品牌商等B端客户交互，采用大规模批量化生产模式，根据B端客户提交的采购计划按部就班地组织生产。而在C2M生产模式下，制造企业可以与消费者等C端用户直接交互，采用柔性化的生产方式对消费者需求做出快速响应，对生产端进行深层次改造，从传统的以产定销转变为以销定产，推动生产线、供应链、内部管理制度乃至整个商业模式发生巨大变革，切实提高了生产效率，最大程度地满足消费者的需求。

大规模生产模式与C2M模式的区别如表5-1所示。

表5-1　大规模生产模式与个性化定制模式对比分析

	大规模生产模式	个性化定制模式（如C2M）
生产逻辑	生产者驱动，先生产后销售	消费者需求驱动，先有订单后生产
设计差异	同质化	个性化
驱动方式	根据销售预测安排生产，推动式生产	根据客户订单安排生产，拉动式生产

续表

	大规模生产模式	个性化定制模式（如C2M）
库存水平	高库存	零库存
系统体系	简单的机械系统，确定性强	复杂的生态系统，不确定性强
渠道差异	中间渠道层层加价	消费者直接对接制造商
客户黏性	对制造商黏性比较低	对制造商黏性比较高
管理模式	泰勒科学管理理论；丰田精益管理模式	亟待新一轮管理变革

青岛酷特智能股份有限公司是一家成立于2007年的主营服装鞋帽、服饰、皮革制品、针纺织品等产品的公司，也是较早开始探索个性化定制生产模式的公司之一。

自成立之日起，酷特智能就开始探索“两化融合+个性化定制”的产业模式，借助大数据、物联网等技术创建了以客户需求为中心、由订单驱动生产的C2M模式，将传统的同质化产品大批量生产转变为个性化产品大规模定制，致力于以工业化大规模生产满足客户的个性化定制需求。具体来看，酷特智能的C2M定制生产需要通过两个环节来实现：

Step1：用户参与产品设计

为了收集用户对产品的需求，酷特自主研发了一个在线定制直销平台——“RCMTM”。用户将对产品的个性化需求输入这个平台，平台会自动生成订单，同时订单数据会进入酷特自主研发的版型数据库、工艺数据库、款式数据库、BOM数据库进行数据建模。这个数据库包含了百万亿量级的数据，可以满足99.99％的人体个性化定制需要。

Step2：开始个性化生产

系统根据上一个环节形成的数据模型进行3D打板，打板完成后将相关信息传输至布料与剪裁部门，该部门会根据客户的个性化需求进行剪裁。每块待剪裁的布料都附有一个射频识别（Radio Frequency Identification，RFID）芯片卡，会实时向生产部门传递数据，以便工人可以准确地识别各个订单。

剪裁完成后就进入生产环节，系统会根据RFID标签上的信息将剪裁好的布料传送到生产流水线上。生产工人只需要扫描一下RFID标签就可以进入自动化制衣环节，产品制作完成后会被传送到库房保存。

借助C2M生产模式，酷特智能破解了工业化和个性化无法兼顾的问题，通过智能量体、智能设计、自主下单、柔性化生产、智能制造、物流配送等服务，打造了“一人一版、一衣一款”的个性化生产模式，而且极大地缩短了产品定制生产的时间，充分满足了客户的个性化需求，给服装生产行业带来巨大变革。

02 自动化流程：生产柔性化、模块化

20世纪初，福特汽车创造的流水线生产模式引起了巨大轰动，将汽车生产带入标准化、规模化生产时代，极大地提高了生产效率，缩短了生产周期，将亨利“每分钟生产一辆汽车”的愿望变成了现实，改变了汽车只是为少数富人生产的奢侈品的定位，将福特汽车公司送上了全球最大的汽车公司的宝座。

具体来看，福特汽车的流水线生产模式就是将汽车生产分解为上百道工序，并为每道工序制定标准，有针对性地培养生产人员，将这些生产人员固定在生产线上，每人负责一道工序，按部就班地完成整台汽车的生产。随着生产人员的操作越发标准、熟练，生产效率自然会不断提

升。后来，随着自动化、信息化的不断发展，这种流水线生产模式的效率得到了极大的提升。

例如，可口可乐利用互联网、人工智能等技术打造了一套全自动化的生产线，使得生产成本的下降幅度与生产效率的提升幅度都达到了极致。这套生产方式所采用的标准化、单纯作业化、移动装配法等原理为现代化社会大生产模式奠定了基础，但也因为生产节拍、生产工艺固定导致整个生产过程显得比较僵硬，无法根据产品类型作出灵活调整，无法满足柔性化生产需求。

进入数字经济时代之后，随着市场与产品划分越来越细致，消费者的需求越发个性化，而且变化速度越来越快，订单呈现出明显的碎片化发展趋势。在这种情况下，企业开始摒弃大批量订购模式，转而采用小批量订购来试探市场，在市场需求明确之后再大规模下单。面对这种小单、急单、短单越来越多的局面，生产企业不得不改变传统的刚性生产模式，打造柔性化生产线来快速响应市场需求与变化，通过定制化生产来满足消费者越发个性化、多元化的需求。

在这种市场环境下，基于大数据、人工智能的柔性化生产模式开始取代传统的流水线生产模式，解决了批量化生产与个性化定制之间的矛盾，为大规模定制化生产的实现提供了可能，同时也给传统的生产设备与供应链带来了巨大的挑战。

具体来看，柔性化生产的“柔性”主要表现在两个方面：第一，在生产能力方面，柔性化生产线可以满足小批量、定制化生产需求；第二，在供应链响应能力方面，柔性化生产线可以对消费者需求作出快速响应。流水线生产与柔性制造的区别如表5-2所示。

表 5–2 流水线生产与柔性制造对比分析

	流水线生产	柔性制造
订单量级	大批量	小批量
订单频次	低频次	高频次
产品品种	单品种	多品种
生产线	固定、长、单一	灵活、比较短、网状/混线
生产人员	位置固定、每人负责固定工序	可以自由移动、实时调整，一人负责多个工序
工艺稳定性	工艺稳定性高	工艺比较灵活
设备专用性	设备专用性比较高，基本仅负责特定工艺流程	设备专用性比较低，可以灵活调用

模块化生产指的是将一个复杂的产品拆解为不同的模块，这些模块功能独立，可以自由组装成需要的产品的生产模式。这些产品模块由两部分组成：一部分是产品共有的模块，另一部分是可以满足产品定制生产要求的模块。在生产过程中，企业将产品共有的模块组装在一起，然后再将符合消费者个性化需求的部件组装上去，从而在最短时间内完成产品的定制化生产，极大地提高了产品定制化生产效率，降低了定制化生产成本。

在模块化生产方面，三一集团作出了很好的示范。

作为一家专门生产工程机械的装备制造企业，三一集团的产品生产过程比较复杂，涉及的零部件比较多，经常将某个产品的生产过程分解为一个个具体的生产任务来完成。为了保证产品生产质量与生产效率，三一集团需要在生产环节投入大量的人力物力。

近年来，三一集团顺应行业的数字化转型趋势，引入大数据、人工智能、物联网等先进技术创造了一个多车间协同、执行一体化的柔性化生产模式。

三一集团的“18号厂房”就实现了装配、物流、质检等多个环节的自动化与信息化，只在关键位置安排人员进行监管，便可以对生产过程中的人、设备、物料、生产工艺等要素进行柔性化整合，切实提高了各个生产线的柔性化生产水平。

过去，“18号厂房”一条生产线只能装配1~2种车型；经过改造后，一条生产线可以装配5~10种车型，还可以混装30多种机械设备，8条生产线可以同时组装69种产品，生产能力与生产效率得到极大的提升。

此外，三一集团还利用工业互联网对用户需求、产品信息、生产计划等数据进行整合，利用MES（Manufacture Execution System，制造执行系统）对这些数据进行处理，生成科学的生产方案，对各项生产资源进行优化配置，将各个订单精准地分配到各个工位，将产品混装与流水线生产结合，切实提高产品生产效率，更高效地满足了客户多元化、个性化的产品需求。

03 网络化协同：实现产业链互联互通

在传统的集中式生产模式下，产品所有的生产环节都只能在企业内部固定的场所内完成，整个生产过程非常封闭。而基于数字经济的分布式生产与网络化协同彻底颠覆了这种生产模式，可以将更多生产环节从生产链条中剥离出来，外包给其他企业完成，然后借助供应链管理、产品生命周期管理等工具进行统一管理，打破了传统的规模化生产对地点与空间的限制，对企业的降本增效产生了积极影响。

具体来看，协同化生产的协同主要表现在三个方面：第一，制造企业内部各部门与各系统的协同；第二，企业下属工厂之间的协同；第三，基于供应链的协同制造。协同化生产需要通过以下两项措施来实现。

- 建立统一的标准，将各个生产环节的数据打通，消除“数据孤岛”，实现企业制造各层级以及产业链各环节的互联互通，最终实现工厂、车间、设备、物料、人员乃至产业链各个节点的互联，实现协同化制造与生产。
- 依托5G网络，实现数据的实时感知、传送、处理与分析，围绕用户需求对各项资源进行优化配置，促使各个生产环节实现网络化协同，实现端到端生产制造全流程的信息融合与共享，提高对市场需求的响应速度，满足消费者的个性化定制需求。

波音公司曾为生产波音“梦幻飞机”B787创建了一个基于全球供应链的协同制造平台，将80%的设计、制造工作外包给世界各地优秀的合作伙伴与供应商，将主要精力放在飞机的总体架构设计方面，将原来的集中式产品研发模式转变为基于网络的分布式研发模式，研发人员不再集中在某个场所，而是分散在世界各地，通过网络进行沟通交流，共同完成飞机的设计与制造。

除波音公司外，西飞公司也是协同化生产与制造的实践者。西飞公司基于互联网创建了一个协同开发与云制造平台，实现了飞机零部件的异地协同设计与制造，解决了传统制造模式下各个零部件厂商、供应商过于分散，某个零部件出现问题后无法及时解决，导致整机生产进度受到不良影响的问题。这个协同开发与云制造平台将整机组装、零部件厂商等资源整合到一起，创建飞机组装与零部件生产的网络化制造联盟，从而打破时空限制，满足飞机定制化生产需求。

以协同开发与云制造平台为依托，生产资源、物料、信息与人员相互连接，零部件厂商可以根据整机制造厂商的需求为其提供需要的零部件，以提高零部件等生产资源的利用效率，对工艺流程进行灵活调整，最终将整机制造周期缩短至15个月，在网络化协同制造领域创造了一个典型应用案例。

04　产品服务化：持续为客户创造价值

过去，制造企业将大多数资源投放到生产环节，致力于提高产品质量，满足消费者对产品的功能需求。但进入数字经济时代后，随着消费不断升级，消费者对产品功能的关注度有所下降，将重心放在了产品能够带来的个性化消费体验方面。

在这种情况下，制造企业的价值链开始向消费端延伸，将关注重点从生产环节转向了能够满足用户需求的产品与服务方面。产品的价值不再局限于产品本身，更重要的是基于产品的信息技术增值服务，以及在此基础上发现新的价值空间。

制造企业在提供产品之余提供增值服务的行为，可以简单地概括为产品服务化。在这种业务模式下，生产端与消费端相互连接，彻底颠覆了制造业传统的商业模式，使得传统的“制造”概念不断拓展，企业不仅关注产品的生产过程，还关注产品的整个生命周期，以及客户使用产品创造价值的全过程。为了顺应产品服务化的业务发展模式，制造企业要转变管理理念，从注重库存管理转向注重能力管理。

在产品服务化领域，产品远程运维是制造企业比较常用的服务模式。在具体实践过程中，制造企业可以利用传感器、互联网、大数据、边缘计算等技术实时获取设备的运行状态，了解设备所处的环境信息，根据这些信息为用户提供设备故障预警、日常运行维护、远程故障诊断与处理、远程升级等服务。

三一重工利用腾讯云将分散在全球各地的设备连接在一起，对设备的运行状态进行远程监控与管理，及时发现设备异常并发出预警。三一重工为每位提供售后服务的工程师配备了智能终端，为他们远程监控设备的运行状态提供方便。

如果设备在运行过程中发生异常，客户就可以通过“客户云”App创建“服务召请订单”。ECC（Error Correcting Code，错误检查与纠正）中心收到订单后，会立即调配售后工程师赶赴现场，调取设备的历史运行数据，与技术专家一起进行远程会诊，快速找到问题、解决问题，将设备故障给客户带来的影响降至最低。

05 决策智能化：从经验驱动到数据驱动

在传统的生产模式下，人、设备、物料是三大主要的生产要素，具体来说，就是人通过操控设备将物料转变为产品。在这个过程中人发挥着主导作用，人的知识、经验、技能会直接影响产品的生产质量与生产效率。

从某种程度上说，过去几十年内发生的所有工业革命以及管理理念的变革都是围绕人的经验展开的，其逻辑都是发现问题。即人根据经验分析问题、解决问题，将这个过程中的经验积累下来，遇到问题之后再利用经验分析问题、解决问题，周而复始。

进入数字经济时代之后，人的经验逐渐被数据取代，数据成为分析问题、解决问题、驱动其他生产要素的关键。基于大数据、人工智能等技术的智能制造系统会利用数据创建模型，发现问题之后，基于数据的模型会分析问题、调度各种生产要素解决问题，分析问题发生的根本原因，积累经验，避免问题再次发生。

相较于人的经验，基于数据的智能制造系统不仅可以学习人的经验，代替人分析问题，制定问题解决方案，还可以从每一个问题中积累经验，找到问题发生的根本原因，防止问题再次发生。

在使用数据代替人的经验进行决策方面，联想作出了有益示范。在传统的生产模式下，联想只能通过人眼验证LCD/LED屏幕是否合格，而人眼验证的准确率在很大程度上取决于质检人员的经验。这种检测方法不仅成本高，而且效率低，准确率也比较差。

为了解决这一问题，联想引入智能视觉检测技术取代人工对LCD/LED屏幕进行质量检测。该技术由前端拍摄和后端深度学习分析两大系统构成，其中前端系统负责对产品进行拍摄、取样，获取待检测产品的特征数据，将取样照片与相关的特征数据传输到后端深度学习系统进行处理，该系统会准确识别产品缺陷并发出报警。相较于人眼识别，智能视觉检测技术可以自动识别产品缺陷，降低质量检测成本，切实提高质量检测效率与准确率。

在数字经济时代，数据的重要性不断提升，已经成为企业的核心生产要素之一，推动生产模式得以重塑。在新的市场关系中，消费者占据了主导地位，其越来越个性化的需求倒逼生产企业改变传统的大规模批量化生产模式，向柔性化、模块化的定制化生产，以及基于网络链接和数据流通的协同生产模式转变。生产企业的重心逐渐从产品转向产品附带的增值服务，并尝试利用这种增值服务创造新的价值空间。

与此同时，制造企业的管理模式也发生了巨大改变，主要表现在三个方面，如表5-3所示。

表5-3　制造企业管理模式变革的三大表现

层面	具体表现
管理对象	在传统管理模式下，制造企业的管理对象主要集中在人、产品、设备、原材料等领域；进入数字经济时代之后，管理对象逐渐转变为数据流与信息流
管理模式	制造企业传统的管理模式严重依赖人的经验；进入数字经济时代之后，问题分析、管理决策的制定等都开始依赖数据
管理范围	在传统的管理模式下，制造企业只关注自身；进入数字经济时代之后，制造企业开始关注产业链上下游的企业，致力于实现协同管理、共同发展

— 第6章 —

区块链在企业管理中的应用与实践

01 区块链如何赋能企业数字化转型？

数字化时代在展现我国经济强大发展潜力的同时，也给行业发展带来巨大的挑战，如缺乏整体的战略规划、基础不足、价值难以有效实现等。为了解决这些问题，企业必须积极推进数字化转型，利用区块链等新型数字技术为数字化转型赋能。

国际数据公司（IDC）发布的《IDC FutureScape：全球数字化转型 2021年预测》显示："2021年，基于区块链的产业内部价值链将在各个行业内进一步渗透，帮助各行业节约35%左右的交易成本。同时，全球30%的制造和零售企业将有望通过区块链构建数字时代的新型信任模式，帮助各行业提高协作效率，实现产品质量等关键信息溯源。"

区块链技术集分布式账本、共识机制、智能合约等多种核心技术于一体，具有去中心化、数据难以篡改、开放性等特征，通过特定的数据存储、记录、传递与呈现方式，构建一种多方协作、集体维护的新型数据模式。

从某种程度上说，区块链就是一个去中心化的分布式存储数据库，凭借去中心化的特性保障了各个节点处于同等地位。为保护数据信息不被泄露，区块链改变了信息存储方式，将数据存储到网络的每个节点上，形成分布式存储，同时利用分布式存储结构与密码学技术保护系统中的数据不被篡改，信息一旦写入将不可撤销，这些可靠的数据将成为合作双方达成信任、实现长期合作的关键。在这种新型数据模式的支持下，企业将不断提高核心竞争力，完成数字化转型。

区块链赋能企业数字化转型将优化生产、管理等流程。在助力企业实现数字化转型的众多因素中，速度起着决定性作用。在区块链技术的支持下，企业生产、管理等流程可以实现灵活优化，这主要表现为两点：一是智能合约技术在真实的、不可篡改的数据的支持下，能够自动执行生产、管理等流程，有效增强企业的风险管理能力；二是分布式账本技术能够实现流程数据和信息的分布式存储，保障存储的一致性和独立性，多记账节点增强了生产、管理数据的安全性。

此外，区块链技术还可以推动企业智能合约的集成，实现流程效率的提升。具体表现为：企业依据生产、管理中不可篡改的数据信息，自动执行原本设定好的流程，将其导入智能合约，以提高流程效率。同时，智能合约与区块链上的数据同样具有不可逆转、不易被篡改的特性，可以保障流程安全。

02　区块链在数据管理中的应用

在大数据时代，数据日渐成为企业的一项重要资产，它不仅关系到企业的生存与发展，更能体现企业的现代化水平。因此，企业要积极利用新一代信息技术提升数据资产运营能力，加强数据的流通融合，充分发挥数据资产的深层价值，打造适应现代经济发展的数字企业，推动数字经济快速发展。

区块链技术的应用增强了企业的数据管理能力，可以助力企业重塑通信基础设施。目前，企业数字化转型的一个重要表现形式是设备之间的互联互通，可以有效提升整个生产流程的效率与效益。此外，网络技术、信息技术等技术的广泛普及和应用，可以提高企业对各种数据和信息的管理能力；集运算、存储、加工、还原信息等功能于一体的数字化技术，为企业重塑生产制造流程提供了更加成熟的解决方案。

著名数据统计公司Statista预测，到2025年，将有超过750亿台智能设备在全球范围内构成物联网。借助区块链技术，基于大量的物联网设备，企业可以有效提升对海量数据的分析、管理能力，实现生产制造流程一体化管理。

此外，分布式存储结构能够有效解决企业的“数据孤岛”问题；非对称加密技术可以提高数据信息的透明度；共识机制可以有效保障数据的真实性与可靠性，避免信息被篡改，实现效率与安全的均衡；隐私计算等密码学技术可为数据的安全共享提供强有力的支持。

总而言之，区块链技术是推动企业进行数字化转型的一项关键技术，是提高企业数据管理能力的重要工具。同时，数据资产管理也就成为企业的一项重点业务。目前来看，数据资产评估管理主要包括以下四项内容。

数据资产识别

随着大数据技术的广泛应用，企业在经营过程中产生的数据规模不断扩大，数据类型日渐复杂，类型、规模、时效性不同的数据在重要性和安全敏感程度上也存在较大差异，难以实现统一管理和应用，因此，数据资产的识别和分类尤为重要。区块链技术应用于数据资产识别，可以切实提高数据资产管理效率，主要包括以下三个步骤，如表6–1所示。

表6–1　区块链应用于数据资产识别的三大步骤

步骤	具体内容
数据分级分类	企业可以借助区块链技术，对海量数据资产的重要性和安全敏感度进行识别和分类，有针对性地制定和实施差异化的安全管理措施
数据梳理、盘点和登记	企业根据分类后的数据资产特征和数据在系统内的分布情况，借助区块链技术识别数据访客，并了解访客访问数据的途径以及访客对数据的用途，为后续数据管理提供依据
制定企业数据资产目录	企业借助区块链技术对数据进行确权，同时根据不同的数据、不同的使用者，有针对性地制定数据管理措施，进一步保障数据安全

数据资产估值

企业要创建基于区块链的数据资产评估体系，对来源、类型、规模不同的数据的质量和价值进行评估，并结合相应的需求进行数据资产联盟认证，准确掌握数据资产的内在价值，减少企业对数据资产的浪费，保障数据资产的价值能够得到充分发挥，为企业创造更多财富。

值得注意的是，有些数据资产由于自身原因可能无法发挥出全部价值，这就需要企业采取一些措施对数据资产进行融合分析，目前常用的方法有数据清洗、重要数据脱敏、数据整合汇总、权限控制管理、元数据构建等，以充分发挥数据资产的价值。

数据资产运营

数据资产运营是数据资产发挥价值的重要环节，主要表现为数据的跨主体流转，常用手段包括数据共享、数据交换或交易、投融资、发行数据债券和期货等。数据资产运营能力是企业核心能力的体现，其重要性不言而喻。数据作为企业的一项重要资产，在流转过程中必须保证自身的安全性与可追溯性，区块链技术的应用可以较好地满足这一要求。

企业将所有数据资产存储于区块链中，可以实现数据的去中心化、不可篡改和分布式存储。这样，一方面能够保证数据在流转过程中无法被篡改，从而保证数据的安全性与可靠性；另一方面，分布式存储可以实现数据的可追溯，当数据泄露时能够第一时间查询到风险点和责任人，进而加强数据安全管理。此外，企业可以将所有数据接入互联网，保证数据资产在流通过程中各项权益的可继承性，这样既有利于数据资产的管理，又可以充分发挥数据资产的价值。

数据资产安全

数据资产安全管理也是数据资产管理的一项重要内容，只有保障数据资产安全，才能进一步发挥数据资产的价值。

企业可以利用区块链技术创建数据资产管理平台，根据数据资产的重要性和安全敏感度对数据资产进行分类分级，采取差异化的管理措施有针对性地进行数据管理。同时，企业可以明确各个部门对相关数据的使用情况，根据各个部门对数据资产的需求确定权限，掌握数据访问者和使用者的信息，了解相关人员获取数据后的使用方法及用途，并将其全部记录于区块链上，以达到数据追溯的目的，从而实现更高效的数据管理。

此外，企业在进行数据管理时还需要根据数据的安全敏感度采取合适的技术手段，包括数据脱敏技术、数据梳理技术、数据访问控制技术、数据访问风险分析技术等，以提升数据安全管理效率，降低管理成本。

03 区块链在财务管理中的应用

财务管理是企业管理的核心内容，管理成效关系着整个企业的生死存亡，因此，科学高效的财务管理至关重要。区块链技术具有去中心化和数据不可篡改两项核心优势，应用于财务管理可以大幅提升财务部门的运行效率和水平，提升财务管理效率和质量，进而保障企业健康、有序运营。

传统的中心化账本技术以数据中心化管理为核心，而区块链集成的分布式账本技术则对数据进行去中心化管理，数据的一致性得到有效增强。也就是说，企业利用区块链技术既可以优化财务管理流程，又可以推动财务管理更加科学化、系统化。

提高财务部门运营效率

财务部门是企业最重要的部门之一，其业务对内包括拟定企业年度经营计划、实施会计核算与监督、整合优化企业的业务体系等，对外包括向税务部门、监管部门、审计部门等递交财务报告、税务报告等。在传统的工作模式下，财务部门的这些工作通常由人工完成，不仅效率低，而且容易出现纰漏，无法为决策者提供全面准确的财务信息，难以保证企业决策的科学性。

区块链技术应用于财务管理，可以充分发挥自身去中心化的特点，利用分布式账本将全部财务数据存储于区块链中，并授权企业内外部的相关部门进行访问。一方面，企业决策部门可以随时查看相关的财务信息，精准掌握企业内部的资源存量，制定合理的经营决策，实现资源的优化配置。另一方面，税务、监管、审计等部门获得授权后可以随时进行数据查询，有效提升了相关部门的监督效率和水平。

规范财务管理制度

财务部门将各类财务信息存储于区块链，可以以区块链为依托创建财务信息管理平台。财务管理人员可以依托这一平台，借助大数据、人工智能、边缘计算等技术对财务信息进行分析和预测，了解企业内部财务制度的缺陷与不足，结合企业的发展现状、未来目标等制定更加合理、完善的内部财务制度，从而提升财务管理效率，并通过财务制度的完善带动企业其他部门制度的完善，进而全面提升企业的运行效率，助力企业实现长远发展。

确保企业财务管理安全高效

在互联网时代，企业管理的各项内容之间的关联性和交互性逐渐增强，因此要求财务部门在撰写财务报告时不仅要涵盖全面可靠的财务数据，还要提供相关的决策信息，以提升各个部门的协同效率，从而提升企业的管理水平。

区块链技术具备去中心化、数据不可篡改、非对称加密等优势，其在财务管理领域的应用既能实现财务信息的透明共享，又能保障财务信息的安全。一方面，区块链技术可以创建分布式账本，利用各个节点同时记录交易行为，保障交易信息可追溯，以及财务数据难以篡改；另一方面，区块链技术采用哈希算法对相关信息进行加密，只有获得授权的主体可以借助密钥进行访问，即便不法分子成功入侵企业的财务系统，也难以获取相关数据，因而可以更好地保障企业财务信息的安全。

为企业节约成本

企业在经营过程中不可避免地会出现资金周转困难的问题，这就需要企业进行融资。传统的融资方式通常是通过向商业银行或其他金融机构贷款，这种方式往往存在较多限制条件，融资流程比较烦琐，所需材料比较多，并且成本比较高，执行起来比较困难，所需时间比较长，可能会阻碍企业发展。

区块链技术的应用为上述问题提供了有效的解决方案，企业可以借助区块链技术直接面向市场开展点对点交易，不需要经过商业银行或其他金融机构，免去了烦琐的流程，同时不受各种条件的限制，从而节省了融资时间与成本，提升了融资效率。此外，这种基于区块链的智能融资模式还可以有效提升企业的科技水平和综合竞争力，树立更好的企业形象，对企业的长远发展具有积极影响。

04 区块链在供应链管理中的应用

区块链不仅赋能企业数字化转型，还可以进一步优化供应链管理。基于区块链去中心化、信息不可篡改、开放性等特性，企业可以将供应链各个环节的数据进行分布式存储，借助共识机制实现存储的一致性，有效防止数据被篡改，提高供应链全流程数据的透明度，便于企业对供应链各个环节进行优化管理。

招标采购过程中供应商绩效评价

在国民经济发展过程中，很多大型企业发挥着至关重要的作用。对于大型企业而言，招标采购是一项重要业务。以设备招标采购为例，在这个过程中，企业要始终坚持“选好选优”的原则，制定科学的采购方案，做好资产的协同管理，严格把控所采购设备的质量，实现高质高效的设备采购。

为此，很多大型企业通过对设备全生命周期各个阶段进行分析评估来评价供应商的绩效，加强对供应商的管理。因为设备全生命周期包括产品设计、生产制造、履约协调、现场服务、运营维护、退役报废等阶段，所以企业在进行供应商绩效评价时需要设置多项不同的绩效指标，涉及的内容比较多，并且每个环节的相关数据存在一定的闭塞性，难以全面地收集到所有需要的信息。

区块链技术应用于供应链管理，可以创建透明共享的信息平台，将供应链相关信息纳入其中，包括招标人对产品的需求和质量要求、供应商所提供产品的全生命周期等。在这一平台的支持下，招标人与供应商可以无障碍交流，招标人可以更好地了解供应商的产品制作过程，保障自身的合法权益，同时，供应商也可以很好地了解招标人对产品的需求，进一步提升产品质量，不断优化各项业务，获取最大化的收益。此外，透明共享的信息有助于相关机构提升供应链管理效率。

招标采购过程中供应商诚信评价

传统的招标采购过程通常监管力度比较弱，监管范围比较小，很多不法商贩为了获取更高的收益，经常会出现不良行为、失信行为，不仅侵犯招标人的合法权益，而且可能扰乱社会秩序。因此，加强招标采购过程中供应商的诚信管理也是一项极为重要的任务。

区块链技术应用于供应商诚信管理，可以创建基于数据的诚信评价体系，定期对供应商的行为进行评价，以保障双方的合法权益。其中，供应商诚信评价主要包括不良行为评价、失信行为评价、行贿行为评价，具体内容如表6–2所示。

表6–2　供应商诚信评价的三大内容

评价内容	定义	具体策略
不良行为评价	不良行为通常指供应商在为招标人提供服务的过程中出现的服务不周到、交付不及时、质量不合格等行为	不良行为评价是指相关企业根据这些行为制定的管理规定，以评判供应商的行为并采取相应的处理措施
失信行为评价	失信行为通常是指供应商在招标活动中的违法失信行为	失信行为评价是指企业对供应商的失信行为作出投标否决等处罚
行贿行为评价	行贿行为一般是指《关于在招标投标活动中全面开展行贿犯罪档案查询的通知》（高检会〔2015〕3号）中规定的内容	行贿行为评价是指企业根据相关法律法规对具备行贿行为的供应商进行一定时期内限制进入市场、取消投标资格等处置

上述三类诚信行为性质的恶劣程度依次提升，对社会的不良影响也依次加重。要想维护供应链市场秩序，保证经济健康有序发展，行业、

企业需要坚决抵制以上三种行为。

基于区块链技术的供应商诚信评价体系可以为每个供应商提供一个唯一的身份编码，并将其存储于区块链中，同时将供应商产品全生命周期的信息以及供应商参加招标活动的信息全部存储于区块链中，上链后的信息具有透明共享、不可篡改、长期保存的特点。招标人可以根据招标需求随时查询供应商信息，避免与曾有过不良行为、失信行为的供应商合作，督促供应商全面提升信用水平。

智能合约与招标采购过程中的物资供应

传统招标活动完成后，招标人与供应商需要签订采购合同，合同要明确规定物资规格、物资质量要求、交货地址、相关费用等内容，供应商要严格按照合同内容提供物资，招标人在收到物资之后要按照合同规定支付货款。在实际操作中，从开始招标到最后收货付款的各项活动与实际预期都存在一定的时间差，包括合同探讨、货物生产、货物运输、线下收货检验、系统录入等活动，这些活动会导致招标人无法在发出中标通知书的第一时间与供应商签订合同，也不会在收到货物后的第一时间支付货款，从而产生多个时间差，导致供应链管理存在一定的滞后性。

区块链技术应用于物资供应链管理，可以充分发挥智能合约的优势，以智能合约的形式设置采购合同，将对产品的相关要求全部纳入智能合约，并预先设定相应的标准数据。当外界条件达到标准时，智能合约便会自动执行，从而提升物资供应链的运行效率，同时解决传统物资供应链管理滞后的问题。

此外，采购各方还可以依托基于区块链的统一信息平台，对货物在生命周期各阶段的状态进行查询，一方面可以全面追溯货物的流转过程，保证货物质量，提升货物管理水平；另一方面，相关信息的变化可以自动触发智能合约，提升采购效率。例如，当货物运送至约定地点后，运送方可以通过扫码将货物信息上传至区块链，智能合约可以根据这些信息自动支付货款，从而提升物资供应链的管理效率和水平。

— 第7章 —
基于RPA技术的企业管理模式创新

01 RPA技术：驱动传统产业数字化

RPA（Robotic Process Automation，机器人流程自动化）指的是让机器人按照预先设定的程序执行一些重复性、标准化的业务，将人从烦琐、重复的工作中解放出来，在提高工作效率的同时降低人工成本，减少人工操作失误。

在OCR（Optical Character Recognition，光学字符识别）技术的支持下，RPA具备了图像识别与处理功能，可以对图片信息进行初加工，具体来说就是扫描图像，自动识别图像信息，对获取的信息进行预处理，并对处理结果进行校正，以统一的格式输出，将比较重要的信息转化为可以处理的数据结果。

由于RPA具有操作简单、研发周期短、对企业现有系统影响小等多种优点，因此，正逐渐成为企业数字化转型的重要工具。RPA可以应用于金融、制造、财务、保险等多个领域，不仅能够极大降低企业的人力成本，而且可以有效提升企业运营效率。

智能金融

银行业务比较多，重复性比较强，而且运作流程基本已经实现标准化，因此，银行业务与RPA技术具有极强的适配性。在银行内部，引入RPA技术能够提升机构管理的自动化和智能化水平；在银行外部，引入RPA技术则有助于提升产品的自动化和个性化水平。

目前，一些实力较强的银行已经在申报增值税、同业对账、自动生成报告、反欺诈、抵押贷款审批、交易纠错以及客户服务等多种业务中尝试采用RPA技术，并取得了比较理想的成果。例如，建设银行在信用卡中心风险换卡、反洗钱明细信息补录、清算资金自动对账等业务中使用RPA技术；工商银行则将RPA技术融入跨行大额报文分拣、单位结算账户自动备案、国库退税自动核对等业务。

智能制造

一直以来，制造业是机器人技术的重要应用领域。在制造业生产流程中，机器人在产品组装、测试、包装以及运输等环节实现了广泛应用。近几年，随着人工智能等相关技术的不断发展，软件机器人越来越多地应用于制造业的后台流程中。而此前，这些领域往往需要企业投入大量的人力、物力，需要消耗较多时间，还可能因为人为因素出现失误和意外。RPA技术的应用不仅在此环节上为企业解放了人力，让企业将有限的人力资源投入对创造力要求更高、能够创造更大价值的领域，而且能够让企业更好地应对监管以及供应链管理等方面的需求。

例如，代表全球智能制造最高水平、体现工业4.0技术最佳应用的

"灯塔工厂"，不仅充分体现了产品创新优势和技术优势、逐步实现了规模化的智能自动生产，更率先拥有了制定行业标准的话语权，推动整个传统制造产业实现了数字化转型与升级。

智慧财务

企业的财务活动与其资金活动和经济事项密切相关，财务管理作为企业管理的重要组成部分，迫切需要进行数字化转型。借助人工智能、云计算、大数据等新一代信息技术，传统财务将升级为以智能化和自动化为主要特征的智慧财务。

由于财务工作所具有的特性及其在企业中的重要地位，财务领域也是RPA技术的重点应用领域。对于诸如市场预测及分析、财务监管、企业财务与会计、应收与应付账款处理等数据容量大、交易频率高的财务管理工作，RPA能够基于设定的流程自动执行任务，提升了财务领域人力资源的价值。

智能保险

保险企业的业务活动往往涉及大量用户信息与资金数据，而且业务形态复杂、对人力需求极高，例如核保及理赔等业务需要投入大量人员。

作为为规则性、重复性任务而生的技术，RPA非常适用于保险领域。首先，与传统的人力不同，RPA能够24小时不间断地工作，而且可以始终维持高效率和零失误；其次，RPA在监管送报、客户运营、索赔处理以及承保处理等任务中能够发挥明显优势，在提升客户服务体验的同时为保险行业的业务价值链赋能。

02 RPA数字员工：推动企业降本增效

随着RPA技术的不断发展，人们逐渐认识到其在降本增效方面的优势，开始将其引入电商、零售、银行、保险、物流、医疗等各个领域，承担财务、运营、采购、客服等多种工作，发展出以RPA机器人为代表的数字员工，为优化业务流程、提高业务效率、降低业务成本产生了积极影响。这种以RPA机器人为代表的数字员工还有一个名字，叫作“数字人”。

数字人浪潮来袭

作为一个新兴概念，数字人（Digital Human）还没有形成统一的定义，不同国家、不同行业、不同学者对数字人的描述存在较大区别，但有一点相同之处，就是都强调数字人属于数字世界，其本质是人类设计的运行于计算机上的代码和数据。

在由中国信息通信研究院云计算与大数据研究所牵头，中国工商银行、上海浦东发展银行、南京新一代人工智能研究院等企业与机构联合编写的《2020年虚拟数字人发展白皮书》中，将虚拟数字人定义为“具有数字化外形的虚拟人物”，并详细阐述了虚拟数字人的三大特征：第一，虚拟数字人拥有和人类相似的外观，有性别之分，有独特的性格；第二，虚拟数字人可以和人类一样使用语言、面部表情、肢体动作进行表达；第三，虚拟数字人拥有人类的思想，可以识别外部环境，可以与人交流互动。

随着电脑动画制作、运作捕捉、语音识别、图像识别等技术的不断发展，2012年3月22日，上海乔念科技公司发布了全球第一款VOCALOID中文声库和虚拟形象——洛天依，成为国内初代虚拟偶像。此后，数字人越来越多，在短视频、直播、电视广播、前台服务等领域不断出圈，引起了广泛关注，如虚拟偶像“A-SOUL”、AI合成主播新小萌等。

随着数字人的概念不断升温，数字人成为资本关注的重点，吸引阿里巴巴、百度、腾讯、字节跳动等互联网巨头纷纷布局，投融资事件越来越多。截至2022年4月8日，国内数字人领域超过5000万元的投融资事件已有9起。近五年，我国数字人领域新增注册企业的复合增长率大约为60%，数字人企业达到了30万家。据IDC预计，到2026年，中国AI数字人市场规模将达到102.4亿元。

RPA数字员工

在数字人虚拟偶像在演艺界大放异彩，收获了大量粉丝的同时，产业界开始挖掘数字人的其他价值。通过对人工智能、RPA、大数据等技术进行集成应用，开发出高度拟人化的数字产品——RPA数字员工，让其代替人类员工从事一些简单、重复、流程化的工作。埃森哲的一项调查显示，RPA数字员工的工作效率能够达到普通员工的3倍，成本只有普通员工的一半，在降本增效方面展现出巨大的优势。

近两年，很多大型企业与机构都在积极研发RPA数字员工，例如，华为内部已有8000多名数字员工，并与普华永道在SaaS服务、财务共享、产业云领域进行深度合作，致力于打造更优质的“RPA+AI”解决方案，为行业赋能；百度自主研发的数字员工IPA在银行、保险、证券等行业实现了广泛应用，催生了智能营销、智能风控、智能理赔、智能投研等多个业务场景；阿里巴巴研发的超现实数字人AYAYI将帮助天猫在数字虚拟营销领域进行深入探索，开启超级品牌的元宇宙计划。

随着越来越多的企业启动RPA数字员工研发计划，未来的数字员工将越来越多，它们将深入金融、医疗、零售、物流、政府以及公共机构等众多行业，代替人承担运营、财务管理、客户服务、IT服务等多种工作，切实帮助企业降本增效。对于企业来说，RPA数字员工的出现让人机协作成为现实，具体来说就是让人从事创造性的工作，让机器人取代人从事重复性的工作，充分发挥他们各自的优势。

在人机协作模式下，RPA数字员工不是要完全取代人类员工，而是要成为人类员工的助手，发挥7×24 h不间断工作的优势，代替人类员工从事一些重复性劳动，让人类员工将更多时间与精力投放到更有价值、更有创造力的工作上。在提高工作效率、降低人工成本的同时，让人类员工在工作中获得更多成就感，提高对工作的满意度，保证员工队伍的稳定性。

目前，RPA数字员工领域一个比较成熟的应用就是智能客服机器人。在人工客服的监管下，一台智能客服机器人可以同时接待多位客户，耐心地回答客户提问，带给客户更及时、更优质的咨询体验。另外，2022年北京冬奥会与残奥会期间上线的央视新闻AI手语主播，也是数字员工的一个典型应用，为我国2700多万听障人士实时传递比赛信息。事实上，AI虚拟主播早在2021年12月就已经上线，带给观众与真人主播几乎无差别的观看体验。

除降本增效外，RPA数字员工还可以及时发现工作流程中的问题，为业务流程优化提供指导；可以打破企业内部的数据壁垒，将各个业务链条连接在一起，消除企业内部的“数据孤岛”，通过对各业务链条的数据进行整合、充分发挥流程管理在企业业务运营中的潜能，提高业务的敏捷性，提高各项业务的开展水平，对企业的数字化转型产生积极的推动作用。

03　RPA赋能企业精益流程管理

随着企业人力成本逐渐增高以及对效率、质量等要求的不断提升，企业迫切需要借助先进的技术处理庞杂的重复性劳动。而RPA能够很好地满足企业流程标准化和规范化的诉求，可以极大地提升企业运营效率，节约企业的时间成本和人力成本，真正让数字化技术赋能企业管理。

RPA对精益流程管理的赋能具体体现在以下四个方面。

联动多个业务系统，自动执行并完成工作

无论企业的规模如何，在日常运行过程中往往需要用到多个业务系统，例如Office、ERP（Enterprise Resource Planning，企业资源计划）、CRM（Customer Relationship Management，客户关系管理）等。如果借助人力操作这些系统，不仅费时费力，而且难免出现失误。而借助RPA操作这些系统，基于已经输入的操作流程，RPA就能够如同一位机器人员工一般，可以自动操作多个业务系统，执行相应的工作，例如发送邮件、从后台系统读取订单等，而且可以自始至终保持高效操作，几乎可以做到零失误。

联动多个业务系统，并实现流程再造

RPA的运行与工业机器人的逻辑类似，即将已经实现流程标准化的工作进行模块化处理，当在执行过程中遭遇阻碍后便着手攻克障碍。由于RPA能够代替人工自动执行多种操作，因此，其在联动多个业务系统的同时可以实现流程再造。

不影响现有IT系统的功能与稳定性

RPA的运行遵循一定的逻辑。如果将RPA与需要操作的业务系统作为一个整体进行解剖，其呈现的结构为：最上层为RPA所在层级；第二层为OA、ERP、CRM、WMS（Warehouse Management System，仓储管理系统）等企业可能应用的流程协同系统；第三层为数据库、Excel、Word等与企业相关的基础功能软件；最下层为核心诉求及数据。这四层结构保证了RPA运行时不会影响企业现有IT系统的功能与稳定性，在为企业的流程管理赋能的同时，也能保证现有IT系统平稳运行。

增效显著且迅速

在企业发展过程中，随着业务规模的扩大和业务量的增长，企业往往需要采取增加人工或开发软件的方式提升效率。但在具体的运营过程中，这两种传统的增效方式不仅投资回报周期比较长，而且无法较好地平衡效率和成本之间的关系。

如果增加人工，企业的人力成本和培训支出势必会增加，而且优秀的人才极容易流失；如果开发软件，对应的投资回报周期通常比较长，可能在系统上线之前企业的业务模式就已经发生改变。与这两种传统的模式相比，引入RPA的优势极为明显：首先，RPA需要的交付落地周期相对比较短，只需两周到两个月的时间；其次，RPA的效率远超人工，而且基本不会出现失误；最后，RPA的成本明显低于传统的软件开发成本。

04　基于RPA技术的固定资产管理

固定资产管理是企业经营管理的重要组成部分，是提高企业经济效益的重要途径之一。固定资产管理并非难事，但有些企业的固定资产体量较大，而且放置分散，为了提高固定资产管理的精细化水平，必须摒弃现有的资产管理信息系统，利用快速发展的人工智能、大数据、RPA等技术创新管理方式。

RPA应用于固定资产管理，有利于推动固定资产使用、处置等环节实现智能化升级，切实提高固定资产管理的质量与效率。一方面，RPA应用于固定资产管理，支持管理人员实时查询固定资产的相关信息，根据固定资产的购置、领用、报废等情况动态更新信息，掌握固定资产的使用情况，创建闲置资产共享与调配制度，以出租、转让等形式让闲置资产发挥出最大价值，切实提高各类固定资产的利用率。另一方面，RPA应用于固定资产管理可以自动完成资产信息录入、变更等工作，将资产管理人员从这些烦琐的工作中解放出来，让资产管理人员将更多时间与精力投放到更有价值的业务领域，以实现降本增效。

除此之外，RPA应用于固定资产管理还可以优化固定资产管理流程，具体实现方式主要包括以下三点。

减少重复性工作，提高工作质量与效率

RPA应用于固定资产管理可以利用OCR技术对原始凭证进行批量扫描，从中提取有价值的信息，按照统一格式进行存储；还可以按照预设的数据提取规则从存储数据的相应位置提取信息，实现数据的自动录入与数据信息的自动变更，从而将资产管理人员从原始凭证识别、信息录入等重复性的工作中解放出来，让其专注于资产的深度管理、资产分析等更有价值的工作。这样，不仅可以提高工作效率，还可以减少因为人工操作失误而导致的数据录入错误等情况发生，保证各固定资产信息统计的准确性与完整性。

固定资产信息系统数据维护自动化

RPA应用于固定资产管理可以自动收集财务部门与资产管理部门的资产信息系统中关于资产损耗、减值、闲置、维修、调动、处置等信息，并利用智能算法对收集到的信息进行对比，判断资产的减值、折旧申请是否合理，自动计算出资产减值或折旧金额，将相关信息在上述两个部门的资产信息系统中同步更新。

RPA还可以应用于固定资产的调动或处置管理。RPA可以通过财务部门与资产管理部门的资产信息系统收集资产调动或处置的相关信息，包括资产调动申请、资产处置申请以及上级领导的审批文件等，利用智能算法对收集到的信息进行分析处理，然后将相关信息同步更新到上述两个部门的资产信息系统中。

基于这种逻辑，固定资产管理人员还可以应用RPA技术收集资产闲置、维修、处置等信息，利用智能算法对收集到的信息进行分析，将

闲置资产信息整合到一起，建立闲置资产共享与调配制度，提高闲置资产的利用率，最终实现固定资产的自动化维护与管理。

促使固定资产管理流程不断优化

RPA可以与条码识别枪、扫码枪等设备相结合，获取固定资产的相关信息，并将这些信息与财务部门资产信息系统、资产管理部门的资产信息系统中的数据进行对比，发现不一致的数据及时更正，保证资产盘点报告的数据真实可信，与实物信息一致。同时，还可以防止因为资产处置、交接过程存在时间差导致各系统录入的固定资产信息不一致的问题发生，可以对调动后的资产进行有效管理，防止资产流失。

总而言之，RPA应用于固定资产管理可以实现资产管理、财务管理与实物管理的统一，保证资产管理数据的准确性，以及各系统中资产数据的一致性，为管理人员编制固定资产采购预算、合理安排采购资金提供科学依据，促使固定资产管理更加科学、合理。另外，因为RPA可以全天候无间歇地工作，所以应用于固定资产管理可以提高管理效率，释放大量劳动力，让他们将更多时间与精力投放到提升业务能力、拓展更多价值增长空间等方面。RPA应用于固定资产管理还可以优化固定资产管理流程，深入挖掘各类数据，提高数据资源的利用率，提高固定资产管理的信息化水平。

第三部分
数字化组织与人才

— 第8章 —

敏捷型组织：科技驱动的无边界组织

01 未来组织：数字化、无边界

新冠疫情的肆虐给我国线下实体经济带来了巨大冲击，同时也暴露出许多隐藏问题。面对复杂的疫情防控和经济发展形势，企业既要做好应对冲击的准备，积极抗疫，共克时艰，将疫情造成的损失降至最低；也要关注新一轮科技革命和产业变革浪潮带来的影响，从长远发展的角度进行顶层设计和战略谋划。因此，企业必须尽快找到能支撑和促进我国经济长远发展的变革方向，其中无边界和数字化组织变革就是一个重要方向。

劳动和劳动力是企业的重要组成部分，不同的劳动力安排会形成不同的组织形式。在劳动和劳动力的影响下，企业的组织形式将变得更加丰富，工作岗位也会因灵活用工而更具组织性和协作性。从市场环境和技术角度来看，组织设计者的关注点受市场环境和信息技术的影响，组织变革的方式会随着二者的变化而变化。组织变革可以让组织迅速适应环境变化，更好地面对数字化的劳动力生态。具体来看，影响组织变革走向的因素主要包括以下四点。

社会变革与组织形态的演变

由于市场环境具有极大的复杂性和不可预知性，因此，组织设计不能盲目要求效率，而是要不断强化对环境的适应力。强管控式的科层组织是工业时代的产物，无法满足移动互联网时代在组织管理方面的需求，未来的组织形式将基于项目单元实现多边力量均衡发展。人工作的目的也会发生变化，经济利益不再是唯一目的，关注重点逐渐转向价值目标领域。个人的价值目标与企业的价值目标是否相同，逐渐成为其是否愿意在企业工作的重要标准。

人才与企业的关系不再是传统的雇佣关系，与管理层的关系也不只是上下级关系，人际关系网络变得更加复杂，这在很大程度上推动了组织的横向管理、集体合作、资源共享。以互联网企业的网状组织和生态型组织为例，企业采用这种组织形态就是为了强化组织对环境的适应力，以开放生态的方式促进共生成长。组织形态演变过程如图8–1所示。

直线型组织	· 时间：1950年之前 · 注重运行效率，以股东利益为要
科层型组织	· 时间：1960—1980年 · 注重利润增长，强调做好财务规划，以管理者为要
合作型组织	· 时间：1981—1990年 · 注重客户服务，强调员工即领导，以人才为要
网络型组织	· 时间：1991年至今 · 注重使命，强调实现可持续发展，以团队和目标为要

图8–1　组织形态的演变

劳动力的多元化与差异化

目前，日益开放的市场环境、不断延迟的退休年龄、不断变化的思维观念以及人口迁徙造成的劳动力转移，让人才市场发生了巨大变化，全球化、多代际、多民族、女性比例升高等特点逐渐显现出来，导致组织的政策、薪酬、福利、行为准则、工作设计等逐渐变得弹性化、差异化。在这种情况下，组织对劳动力的包容性以及劳动力结构的多样性也必须随之提高。

组织用工形式的改变

随着移动设备和通信网络的不断发展，工作逐渐走向虚拟化，不再受时间、地点等因素的限制。跨界合作和社交网络不仅提高了组织能力，也扩大了组织边界，推动零工经济时代的到来。随着用工形式越来越丰富，工作方式逐渐优先于人员配置，组织在确定工作目标后灵活用工，既可以减少用工成本的支出，也可以优化企业的人力资源配置，让人才参与到更具创造性和独特性的工作中，实现人尽其才。

技术变革与数字化手段

物联网、机器人、无人车、人工智能等数字技术和数字设备将改变劳动力生态，提高灵活、分散、即时的劳动力对业务重构的适应速度，组织和人才将借助流程自动化应对市场变化和技术升级。虽然大数据、人工智能、算法等技术手段的应用取代了部分工作岗位，但也在人机协作领域催生出许多新岗位。组织和人才不仅不会抗拒人机协作，还将不断地进行设计和创新，升级人机交互界面。

02 技术工具：赋能组织变革之路

数字化、无边界组织能让企业更深入地了解市场和客户，优化产品和服务；能够推动企业创新，助力企业实现可持续发展；能让企业变得更灵活、透明，强化其在面对环境变化时的抗风险能力；能让企业利用各种数字化应用实现精准决策。

实现业务端流程自动化管理

业务端流程自动化，是制造业企业实现长期高质高效发展的必经之路；去中心化、自我驱动的管理模式，也是创意产业和知识密集型产业顺应时代发展趋势的产物，这类企业通常会根据优秀人才的位置设置办公场所，利用数字技术和协同办公工具实现不同地区，甚至不同国家团队之间的信息同步和工作协作。

搭建自助服务平台式中台

企业在创业初期要尽量以最快的速度抢占更多市场和机遇，这个时期的主要关注点是速度。但当主要关注点变为协同增效时，企业必须加倍重视“敏捷前台+自助服务平台式中台+精简后台”的开放型组织的搭建。前台业务端需要按需取件并组合各个组件，最终打造出一个完整的组件化自助服务式的中台组织。虽然这种模式在灵活性上稍有欠缺，但却能够有效避免重复建设，破除数据壁垒，让效率得到大幅提高。

推动线上远程办公和信息共享

线上远程办公能在一定程度上为企业在疫情期间的服务和运营提供支持。在疫情影响下，这种工作方式可能会成为常态。企业可在疫情期间继续进行线上远程办公，利用协作办公工具加强内外沟通，提高分散管理能力，让员工在足不出户的情况下完成业务和工作。

但由于一些小团队在工作过程中可能会因为缺乏全局观作出利于小团队但不利于公司的决策，因此，公司还应增强信息透明化程度，便于小团队和员工明确各个目标之间的关联，采用自下而上的方式解决问题。疫情到来后，大量企业开始关注数字化组织建设，但组织的数字化转型不仅仅是简单地使用大数据、人工智能、RPA等数字工具和数字技术，还要制定整体的数字化转型战略，探寻数字化对业务转型的意义。

利用数字化工具，提升组织效率

微软中国曾发起Efficiency and Agility（E&A）倡议，倡导简化内部会议和流程，打造企业内的教练文化，推动跨部门协作，提高团队工作的效率和敏捷性；而培养组织和企业的敏捷能力需要采取各种数字化方法。

微软中国通过Workplace Analytics系统实现从数据到洞察的转变，根据员工行为数据找到问题发生的根本原因并因地制宜地去解决，还会继续跟进数据，观察问题解决成效并进行适当的调整。以跨部门协作为例，微软中国对比各团队和高增长销售团队的行为数据，将数据转化为洞察，实行跨部门协作奖励计划，以Workplace Analytics行为数据为依据，衡量部门合作时间百分比。在实行跨部门协作奖励计划一个季度后，与前一年的同一时期相比，大多数部门的跨部门协作都有所进步。

不仅如此，微软中国还支持员工创新，用技术驱动内部程序更新。2020年5月11日，微软中国举办首届Power Platform Hackathon大赛，吸引了上百名参与者，他们利用微软低代码平台Power Platform中的各种工具组件提高各个场景的自动化程度，达到节约时间和人力的目的。以HR部门为例，该部门借助Power Automate和Power BI优化新员工聘用流程，提升了招聘工作的工作效率和应聘员工的体验感。

企业对数字化工具的充分利用让E&A倡议有了更好的实施效果。在落实E&A倡议的一年里，基层员工和经理1∶1面谈的频率和时间都有大幅增长，员工在低效率会议中花费的时间也大幅减少，微软中国的“客户和合作伙伴专注时间”远超其他企业。

03 管理重塑：激活员工自驱力

组织变革是一个漫长且复杂的过程，必须以深入分析目前环境和企业实际情况为前提设计方案并分步实施。企业要以组织设计和变革为依据，综合考虑流程、人才、管控、文化建设、绩效激励、共享服务平台等多重因素，建立适用于自身业务的组织与管理机制。在这种情况下，企业应根据所处行业和企业本身特点做好长期发展规划，聚焦重点。在组织变革过程中应充分考虑以下三点。

实现从管控模式到赋能模式的转变

在数字经济时代，企业传统的管控模式已无法满足当前市场环境对管理的需求，如果继续采用这种管理模式可能会导致管理僵化，偏离市场竞争要求。在未来的组织中，工作场景将逐渐变得分散，企业总部要信任下属，大胆授权，通过关系的转变为其赋能，改变自身角色定位，专注于对下属机构进行业务指导、总结各阶段的业务进度、协调各个项目的资源、确立并剖析团队短中期目标和任务等工作。

模糊职位边界，激发员工的创造力

职位管理系统能在一定程度上帮助企业维持稳定发展，但缺乏灵活性，而且会在一定程度上限制员工发挥创造力。“三定”（定岗、定编、定责）也不利于企业适应市场变化，明确的职位边界也易导致组织僵化。企业要尽快转变人与组织的关系，将传统的契约关系转化为平等的联盟关系，还要建立角色管理系统，破除部门、职位、职级的制约，通过提高员工创造力来顺应组织变革趋势，提高竞争力。

设计全新的绩效与激励体系

自我驱动的员工是实现敏捷组织和分散式管理的必备因素。疫情时期的绩效管理体系要求企业既要重视绩效目标，深入分析目标的可行性，完善目标调整机制，也要及时选用MBO（Management By Objective，目标管理）、OKR（Objectives and Key Results，目标与关键成果法）等能够增强员工自驱力的绩效管理工具。因此，企业要提高信息传递系统和机制的透明度，以便快速反映数据、状态和进度。

企业可以基于合理的薪酬结构和可用的薪酬资源，根据不同的人员类别，实行有差异化的激励措施有针对性地激励员工，例如，打造命运共同体、激励“火车头”（向最优秀的员工发放明显高于其他员工的薪水）、战略奖金激励机制、长期激励机制等激励手段。

此外，我国传统企业文化通常只能体现出老板、精英等少数人的文化理念和价值观，难以获得全体员工的认同，而在当前这个数字化、扁平化的时代，企业更应该注重内部相互平等、尊重、信任的价值理念，可以基于同样的信仰和行为准则为团队成员之间的信任和协作提供保障。

04 海尔VS亚马逊：敏捷组织的设计法则

现代企业要不断增强敏捷性和动态能力，才能敏锐洞察客户需求和市场需求的复杂变化，进而适应外部环境并实现稳定发展。也就是说，企业的组织架构和资源配置都应该具有极高的灵活性和流动性，因此要构建敏捷组织。

企业要想打造敏捷组织，更好地利用敏捷思维解决问题，就必须经过顶层设计、优化工作流程、引进先进技术和工具等一系列工作流程。2021年12月，《哈佛商业评论》举办2021年新增长大会并公布“2021中国新增长敏捷领导力”榜单，登上该榜单的许多企业都在敏捷组织的构建方面进行了一些实践。下面我们以海尔、亚马逊为例，对敏捷组织的构建进行分析。

顶层设计：人单合一，向一线赋能

海尔采用人单合一模式提高企业的敏捷性。“人单合一”中的“人”指的是员工，“单”指的是用户价值，所以“人单合一”就是紧密联系员工价值和用户价值，让员工直面用户，为用户创造价值，并在这个过程中分享自身价值。

人单合一模式打破了传统的管理逻辑，将严格遵循流程和程序环环相扣地完成工作任务的线性管理模式转变为更加注重结果而非过程的非线性管理模式，并围绕用户的个性化需求提供服务，进而达到最终目的。

不仅如此，非线性管理模式下的一线员工不仅仅是工作任务的执行者，还能获得企业赋予的现场决策权、用人权和分配权，不断提高其及时响应、迅速反馈和自我进化能力。物联网具有“零距离”“去中心化”“去中介化”的特点，而人单合一模式正是符合这些特点的管理模式，能让企业用更快捷、更直观的方式挖掘用户需求，不断提升用户体验感，提高敏捷性。

流程改善：逆向工作法，让市场主导研发

高度敏捷性是亚马逊最突出的特点。亚马逊强调客户至上，即便无法立即生产出用户需要的产品也会积极响应用户需求。例如，市场中从未出现过的Kindle电子阅读器、智能语音助手和亚马逊Web服务（Amazon Web Services，AWS）等产品，在这些产品出现之前，亚马逊和用户都无法对这些产品作出一个明确的定义或清晰的描述，但为了满足用户需求，亚马逊还是积极布局，开发出一系列产品，很好地满足了客户需求。亚马逊这种以市场需求为导向的经营理念就是逆向工作思维，而在逆向工作思维指导下研发出的许多在当时看来需求模糊的产品，现在都成了紧跟热点的畅销商品。

在逆向工作思维的指导下，亚马逊又提出逆向工作法。逆向工作法

就是让产品指导产品研发工作，要求研发团队根据用户需求在两周的时间内迅速研发出符合用户思维的新产品，快速响应市场变化，迅速获取更大的市场占有率，并持续不断地快速更新产品。这些举措使亚马逊的各项业务都有了更高的敏捷性。

部分企业在亚马逊的影响下也开始采用逆向工作法，而逆向工作法也成为激励团队、促进产品创新、迅速满足市场需求的有效工作方式。

敏捷转型是许多大型企业为未来发展制定的战略，但在落地实施的过程中仍旧存在许多困难。微软中国借助数字化工具提升敏捷组织建设能力的做法，给其他正在计划敏捷转型的企业提供了参考。

当挑战来临之际，能持续察觉并迅速响应需求的企业往往能以更加积极的态度面对挑战并高效地处理所产生的问题，而这也正是敏捷对企业持续发展的重要价值。正因如此，“敏捷领导力”进入了新增长年度榜单。

第9章 指数型组织：企业快速成长的奥秘

01 指数型组织的主要特征

企业的组织架构一直是企业管理者关注的重点，处于不同成长阶段的企业对组织架构的关注点也不同。例如，初创企业的关注点是搭建怎样的组织架构才能够快速成长壮大；发展到一定阶段的中大型公司的关注点是如何才能避免组织结构过于庞大、缺乏灵活性。而且，随着技术更迭，企业的更新换代越来越快，搭建怎样的组织架构才能够吸引人才、充分发挥人才潜力、取得竞争优势，便成为进入成熟阶段的企业关注的重点。

互联网时代的到来催生了一大批优秀的企业，它们成长速度极快，往往在较短的时间内就具有了明显的竞争优势。通过分析可以发现，这些企业都是借助新技术或组织方法，让组织的产出或影响力得到不成比例的大幅增长，而这样的增长幅度甚至能够超出竞争对手10倍乃至更多，这样的组织就是指数型组织（Exponential Organization，ExO），典型代表包括阿里巴巴、Airbnb、Uber、美团、滴滴出行等。

通过对国内外的指数型组织进行分析可以发现，它们都拥有一个宏大的变革目标。而这类目标本身就能鼓舞人心，对内能够将员工凝聚在一起，为了共同的目标而努力；对外能够吸引更多志同道合的人才加入，共同推动企业发展。

具体到指数型组织的特点，通过分析可以发现，指数型组织一般具有五大外部属性和五大内部属性，如图9–1所示。

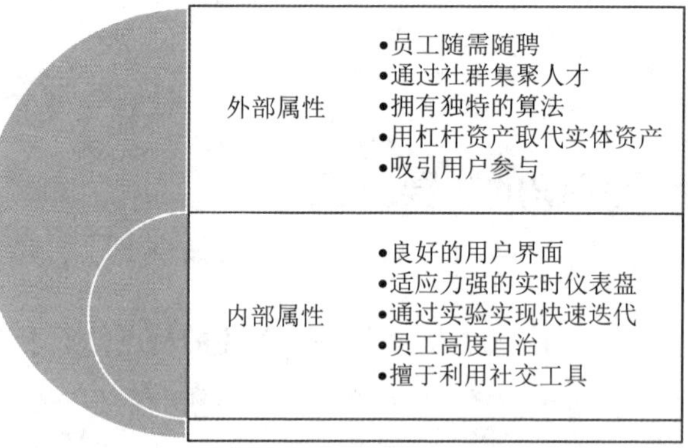

图9–1　指数型组织的外部属性与内部属性

五大外部属性

为了实现快速扩张，指数型组织需要具备五大外部属性。

（1）员工随需随聘。与传统的岗位聘任制不同，指数型组织基本采用员工随需随聘的方式，这种方式具有多种优势：一方面可以避免组织结构过于庞杂、人浮于事、缺乏活力；另一方面有利于及时吸收新技术、新创意，源源不断地为组织注入活力，提高企业的竞争优势。

员工采取随需随聘的方式可以使指数型组织更好地适应快速变化的市场环境，将信息和资源转化为成长动力。

（2）通过社群集聚人才。与传统企业获取和吸引人才的方式不同，指数型组织是通过先聚集再吸引的方式获得所需要的人才。也就是说，指数型组织往往是基于共同的愿景目标将一些个体集聚为一个社群，然后在发展过程中吸引到更多志同道合的人才。

由于这种特殊的集聚人才的方式，指数型组织能够在成长的过程中及时、广泛地获取更多资源和信息，同时提升组织的敏捷性和学习能力。

（3）拥有独特的算法。进入信息爆炸时代，如何获取所需的海量数据已经成为企业面临的一个重要问题，而指数型组织便拥有获取海量数据并确立独特算法的能力。

指数型组织非常擅长收集相关数据，然后通过对数据的分析，利用开放数据、机器学习或深度算法发现其中的关键点，从而开发出具有独特价值的新产品或服务。例如，美团虽然没有实体门店，却成为一个涵盖餐饮、外卖、生鲜零售、打车、共享单车、酒店旅游、电影、休闲娱乐等多类型服务的生活服务平台。

（4）用杠杆资产取代实体资产。与传统的组织不同，指数型组织并不偏重实体资产，而是更看重数据资产，其他均可以通过杠杆资产或外包的方式实现。

指数型组织通过外包、租赁或共享的方式获取外部资产，不仅能够降低运营成本，而且不需要额外管理这部分资产，简化了组织负担，提高了组织的灵活性。如美团平台的餐饮店就属于杠杆资产。

（5）吸引用户参与。吸引用户参与是指数型组织可以实现快速扩张的原因之一。一方面，用户参与能够带来比较广泛的影响，帮助指数型组织提高知名度；另一方面，用户参与后给出的反馈可以帮助指数型组织改进产品和服务。及时的反馈、有效的评价以及积极的社交，不仅有利于培养数量庞大的忠实用户，而且可以缩短企业开发产品的周期。

五大内部属性

由于成长速度较快，指数型组织必须具有良好的内部控制机制，而这就使得指数型组织具备五大内部属性。

（1）良好的用户界面。用户界面不仅影响用户的使用体验，也是指数型组织开展管理活动的平台，可以通过自动化的方式赋予企业强大的增长驱动力，让企业实现内部稳定。例如，美团的用户界面可以将用户、商家、外卖配送员连接起来；苹果App Store的用户界面可以连接用户。

（2）适应力强的实时仪表盘。指数型组织往往能够获得大量反馈数据，而这些数据包含一些有价值的信息。如何将这些信息进行筛选以及呈现，是指数型组织能否实现良好控制的重要影响因素。而适应力强、能够实时显示关键指标信息的仪表盘，能够让组织的个体及时了解关键量化指标。

（3）通过实验实现快速迭代。随着技术更新速度越来越快、市场竞争的激烈程度远超以往，企业要降低运营风险，必须持续不断地开展实验。企业只有通过实验发现可能存在的问题、规避其中的风险，才能够实现快速迭代，提升用户体验。

（4）员工高度自治。指数型组织并不采用传统层级化的管理方式，而是在遵循公司共同目标的前提下，实现员工的高度自治。实现员工自治的措施包括创建扁平化的组织结构、开展远程办公等。指数型组织没有过多的层级，反应更加灵敏、学习能力更强。

（5）善于利用社交工具。随着互联网、移动互联网以及相关技术的不断发展，企业办公越来越倾向于数字化。而对于拥有良好控制机制的指数型组织而言，其往往更擅长利用社交工具来提升信息的透明度和联通性，提高沟通效率。

综上所述，企业宏大的变革目标以及其外部属性和内部属性共同构成了指数型组织的特点。虽然某个指数型组织并不需要具备上述所有的特点，但具备的特点越多，其成长速度也会越快。如果一家企业能够充分利用信息，根据自身特点构建指数型组织，就可以获得强大的内在发展动力。

02　构建指数型组织的“五部曲”

与传统的线性组织不同，指数型组织之所以具有强大的成长潜力，是因为有信息技术的支持。由于指数型组织更擅长利用基于信息的外部因素，因此不仅能够获得快速成长，而且也能够战胜传统产业中的线性组织。在信息化环境中，基于对信息的有效利用，指数型组织的成长速度能够远远快于竞争对手。

任何领域的企业只要擅长利用信息，能够得到信息流的助力，就能够实现快速成长；而指数型组织与线性组织的根本区别，在于是否善于利用信息以及资源获得竞争优势。

线性组织结构沿袭自工业时代，相关的流程管控和组织结构在今天也广泛存在。即便在软件开发等科技领域，很多企业仍然遵循线性开发模式。基于线性思维的组织结构具有一些明显的特点，例如企业运行由经济结果驱动，采用自上而下的层级结构，企业的战略规划主要基于过往经验、员工数量庞大、流程僵化等。

但高速变化的信息时代与线性组织结构和思维方式是对立的，线性组织模式将面临越来越严重的挑战。在信息呈现指数型增长的时代，如果企业可以主动获取并充分利用信息和资源，那么，其边际成本几乎可以降为零。随着信息技术不断发展，未来将是以信息为基础的时代，而最具有颠覆性、最能够制胜未来的将是以信息和数据为基础的指数型组织。

企业要想搭建高效的组织架构，可以从以下五个方面入手。

Step 1：业务分析

企业的经营活动可以划分为具体的业务，而经营的直接目的就是完成业务。因此，对企业的业务进行详细分析，是搭建组织架构的第一步。

企业在进行业务分析时可以绘制流程图，根据流程图搭建相应的组织。企业在绘制流程图的过程中需要发现业务重心，并据此确定组织的侧重点。需要注意的是，企业的管理者一定要基于本身的业务设定组织架构，不能生搬硬套。

Step 2：组织设计

企业在业务分析的基础上可以绘制组织架构的草图，大致确定每个部门的职责和人才结构；而要进行合理的组织设计，企业除了对业务进行分析之外，还应该明确各个部门的服务“客户”以及可以为“客户”带来的价值。此处所指的“客户”有两层含义：一是部门真正的客户；二是公司内部的前线业务部门和其他合作部门。

关于第二层含义，阿里巴巴就曾经提出过“小前台+大中台”的组织机制和业务机制。在这种模式下，作为“前台”的一线业务会更敏捷、更能适应市场变化；“中台”将集合整个集团的运营数据能力、产品技术能力，为“前台”提供强有力的支撑。

Step 3：岗位设置

企业在完成基本的组织架构后便需要进行岗位设置，而在进行岗位设置时首先需要明确各个岗位的职责、胜任力模型以及考核标准。其中，需要着重说明的是胜任力模型。企业胜任力模型的构建可以参考心理学中的冰山理论，结合“冰山上”和“冰山下”两个层面选取适合岗位的员工。其中“冰山上”指的是能够直接看到的方面，如员工的性别、学历、技术水平等，而“冰山下”指的是需要挖掘和发现的员工特质，如价值观、冒险精神等。

Step 4：核心岗位盘点

企业在搭建组织架构时应该具有居安思危意识，做好充分的人才储备。企业在盘点核心岗位时，最主要的就是详细了解各岗位的人才储备情况，然后制定人才管理方案：对于完全能够胜任的人才进行提拔，能力不足的继续培养，无法胜任的立即淘汰，岗位人员缺失的及时补充。

Step 5：运营机制

前四个步骤完成之后，企业的组织架构便基本搭建完成了，之后的主要工作就是补充相应的运营机制，如具体的流程制度、标准、会议机制、轮岗和激励等。搭建完成的组织架构需要在保持基本稳定性的同时具有足够的弹性，能够根据需要升级迭代，维持企业的良性运转。

03 指数型组织业务分析的五大维度

业务分析是搭建组织架构的第一步，也是极其重要的一步，需要从五个维度进行分析。

看客户

客户是企业业务设置以及经营活动的起点和核心，因此，业务分析必须围绕客户出发。而要为客户创造价值、完成业务，客户分析需要着重关注三个方面，如表9–1所示。

表9–1 客户分析的三大内容

要素	具体内容
地点	明确获取目标客户的渠道
关联	有触达就要有反馈，通过品牌向客户传递企业的价值观以及通过提供产品或服务满足客户需求，均可以与客户建立关联
关系	从不同空间和维度与客户建立紧密关系，积累一批忠实客户

企业与客户建立紧密关联需要尽可能地满足客户需求，具体表现为以下四个关键要素，如表9–2所示。

表 9–2　企业满足客户需求的四个关键要素

要素	具体内容
价值	企业能够为客户提供的价值表现在多个方面，如物超所值的产品和服务、独特的情感体验等。需要注意的是，价值必须与价格相匹配，才能够吸引客户
便利	便利性也是一个重要卖点，在产品基本相同的情况下，能够带给客户更多便利的公司更容易获得客户青睐
成本	成本是一个相对的概念，不仅指客户购买产品需要花费的成本，还包括使用成本。例如，电动打蛋器的成本虽然比手动打蛋器更高，但因为使用过程中需要耗费的时间、精力更少，所以使用成本更低
回报	企业在与客户建立联系的过程中，不仅可以回报客户，而且随着忠实客户的不断积累，企业的利润率和市场占有率也会不断提升

看自己

企业的业务分析需要立足企业自身，所提供的产品应该是关注的重点。产品对组织架构的影响应该从以下三个方面衡量，如表 9–3 所示。

表 9–3　产品影响组织架构的三大维度

维度	具体影响
产品的标准化程度	产品的标准化程度与组织架构的复杂性成反比，也就是说，产品的标准化程度越高，组织就可以越精简
产品的市场反应程度	如果市场要求响应速度越高，企业的组织效率也应该更高，那么越需要采取扁平化的组织架构
产品的优势	企业需要根据产品的优势设计组织架构，如果产品的优势是成本低，那么企业的组织架构需要尽可能精简；如果产品的优势是技术含量高，那么企业的组织架构应该尽可能地精细化

企业处在不断的发展过程中，所面对的市场处于不断变化状态。因此，企业的组织架构不能一成不变，应该随着企业和市场的变化进行调整。

看对手

企业在进行业务分析时应该立足目标市场对竞争对手进行分析，分析内容包括产品优势、价格体系、市场占有率等，还应该立足对竞争对手以及企业管理者的了解，分析其后的发展策略，以制定相应的对策。

看行业

行业的发展决定了企业的业务走向，而行业的具体发展情况可以从行业趋势、市场环境、技术发展等多个维度进行解读。高效的组织架构应该善于发现行业的变化趋势，并及时规避风险、抓住机遇。

看技术

技术的更新迭代影响着企业的产品走向，当技术升级时，企业进行产品调整往往并不困难，但组织架构调整的难度却比较大。在这种情况下，企业的组织架构不能是生硬的、死板的、一成不变的，应该随着技术和产品的升级不断更新。

综上所述，组织架构的关键环节是业务分析，而业务分析的核心是客户。因此，企业应该把客户置于最重要的位置，让产品服务客户、让组织架构适应企业业务。

04 不同企业的指数型组织构建策略

不同性质、不同规模、处于不同发展阶段的企业，构建指数型组织会面临不同的情况，需要采取不同的策略。下面，我们分别以初创公司和中大型公司为例，对指数型组织的构建方法进行简单分析。

初创公司

虽然初创公司所占市场份额比较小，但在构建指数型组织方面却具有天然优势。一家企业想要快速成长，最重要的是团队可以基于共同的目标勇往直前。初创企业如果能基于自身情况制订一个具有变革意义的宏大目标，便能够达到凝聚团队的效果，团队成员就可以在高度自治的情况下为共同目标的实现而努力。

此外，初创公司可以学习其他指数型组织的运营方式，在成长过程中具备越来越多指数型组织的特征，不断发展壮大。

中大型公司

对于已经具有一定规模、组织架构比较固定的中大型公司而言，因为现有的组织机构具有一定的排他性，所以构建指数型组织具有一定的难度，需要一个比较漫长的过程。因此，为了避免引起企业的"排斥反应"，中大型公司构建指数型组织可以依据"边缘创新"法则，具体实施策略如下。

- 企业可以选取若干合适的员工，组建一支相对独立的、员工可以实现完全自我管理的小团队，而且后期避免引入边缘创新组织。
- 小团队开展的业务与企业原有的业务重复比较少，不太容易受到公司体系的干扰。
- 小团队尽可能直接与企业CEO对接，以获得直接支持，避免受到公司其他权力层级的干扰。

- 构建与原有公司体系完全独立的制度和政策。
- 吸引更多具有创新意识、持有共同目标的成员加入。

需要注意的是，虽然指数型组织建立于企业内部，但不应该获得过多来自原公司的援助或资源，应该尽可能地与其他公司建立联系，不断地向外拓展，促使组织生态系统快速发展壮大，在帮助组织获得强大生命力的同时避免受到母公司的抵触和排斥。

— 第10章 —

数字化人才：基于大数据的HR管理

01 数字化时代的人力资源管理

随着新一代信息技术的快速发展和广泛应用，金融、互联网等领域已经率先引入大数据、人工智能等技术以深入挖掘行业数据的价值，并且应用方式逐渐成熟。然而在人力资源管理领域，大多数管理者的管理工作仍依靠直觉与经验进行，没有依靠数字技术对数据进行客观分析，数字化程度依然处于初级阶段。在当前的数字时代，数字技术已开始向人力资源管理领域渗透，促使人力资源管理向着数字化方向转型。

目前，大数据、人工智能等新一代数字技术给金融、互联网等领域的发展造成了一定的冲击，但同时也给这些行业带来了前所未有的数字化变革。而人力资源管理领域运用更多的是基于事实、数据和模型的定量分析法，数字技术在该领域尚缺乏均衡的发展。尽管定量分析法同样可以带来更加精准的管理实践活动，但偏离了数字时代发展轨迹。

在互联网发展初期，人力分析（HR Analysis）的概念就已被提出，并研发出相应的软件系统，但当时的人力资源分析仅仅停留在表面，只能针对员工的年龄、学历、薪资等基本信息进行简单的统计，无法围绕这些信息进行深度分析，更无法将其作为管理和决策的依据，相关数据的应用价值或被埋没。但从目前的发展态势看，大部分企业的人力资源管理者依旧按照经验与直觉开展人力资源管理工作，缺乏对人力资源数据的重视，更缺乏利用数字技术对人力资源数据进行客观分析的能力。

人力资源管理是现代企业发展的重要环节，企业要以时代和自身发展需要为依据，及时革新人力资源管理体系。具体来说，企业应跟随大数据时代发展的步伐，充分利用大数据技术建设管理团队，革新人力资源管理模式，优化岗位，建立有效的绩效考核体系。同时，要观察员工的工作状态，追踪员工的工作效率，及时发现问题，精准把握人才需求和招聘要求，提高人才招聘的科学性，并根据需求开展系统化、专业化的人力资源培训活动。要以员工个人职业规划和企业发展战略为依据建立绩效激励体系，提高员工的工作效率，让员工在实现自我价值的同时为组织创造更高价值，助力组织目标的实现。

随着我国经济的不断发展以及经济模式的革新，人力资源管理的重要性不断显现。但由于许多企业思维僵化，没有认识到人力资源管理的重要性，因此，在人力资源管理方面还存在很多问题，如管理人员的专业素质较差、不重视来自外部的竞争、管理模式缺乏灵活性、激励机制和绩效考核机制落后、人才培训脱离实际等。

目前，我国大多数企业属于中小企业，这些企业的管理理念、管理机制还比较落后，没有紧随时代发展更新人力资源管理模式，业绩考核标准比较单一，管理中缺乏人文关怀，没有建立起合理的绩效激励制度，因此不仅难以达到激励员工的目的，而且成本比较高，不利于企业发展。

大数据能够给人力资源管理提供量化信息，让企业的人力资源管理变得更加科学、高效，可有效提高管理决策的精准度，增强企业的竞争力。基于大数据的人力资源管理更加注重前瞻性，能够利用大数据分析精准绘制高绩效员工的“画像”，在数据层面为人力资源管理提供支撑。

除此之外，大数据时代的人力资源管理还应该遵循以人为本的思想，推行人性化管理，但目前仍旧有不少企业管理者在人力资源管理中忽视数据，过度依赖传统的管理模式和管理经验。在大数据高速发展的环境中，这些企业往往行动力不足。

但企业管理模式和管理经验的革新并非一日之功，要求企业的人力资源管理部门打破思维惯性，利用大数据提高管理能力、决策能力和数据处理能力。除此之外，在大数据时代，如何平衡信息公开和隐私保护是企业在人力资源管理中必须解决的问题。为了解决这一问题，企业要重视隐私保护，建立健全隐私保护体系，保障信息数据在采集、传输、存储、分析、应用等各个环节的安全。

02 基于大数据的HR管理流程变革

随着大数据产业链的日渐完善，大数据应用越来越广泛，大数据应用的优势也越来越突出，各种以大数据为支撑的新业态、新模式遍地开花，各行各业的企业均把握时机积极创新运营思路，发展新业务。大数据冲击了传统的人力资源管理理念，促进了人力资源管理模式、技术、应用和管理系统的创新升级。

在数字时代，人力资源数据逐渐成为企业核心战略制定与执行的重要参考指标之一，对企业人力资源规划变革产生了积极的推动作用。

人才招聘方面

数字技术为人才招聘带来了新方法和新手段。传统的招聘方式以招聘网站或猎头招聘为主，这些招聘方式存在很多问题，如招聘人员对应聘者的情况了解不深入、信息不对称、招聘效率比较低等。而大数据技术可以有效避免这些问题，凭借其规模性、多样性、高速性、价值性的优势，全面掌握目标人员的相关信息，自动与企业的人才需求进行匹配，筛选出最适合的候选人，大幅提升人才招聘效率。

员工管理和考核方面

数字技术实现了动态考核。大数据技术可以对员工的生理数据、行为数据及关系数据进行动态收集与整合，一方面能够充分了解员工的定量业绩数据，提升员工评价管理的客观公正性；另一方面能够准确掌握员工的工作特点、效率及问题，为员工提供可行的建议以促进绩效的提升。

员工离职方面

HR可以借助大数据技术对员工的出勤请假情况、沟通关键词、工作积极性、绩效变化等数据进行整合分析，提前预知员工的离职倾向及离职原因，采取有针对性的措施进行干预，如根据具体情况挽留或招聘新员工。同时可以对员工管理与评价系统进行调整，使其更人性化、公正化。

HR工作模式方面

数字技术改变了管理者凭直觉与经验进行决策的工作方式和理念，为管理者提供了数据驱动的现代化人力资源分析模式，不仅能够精准、及时地进行人力分析，使分析结果更加客观，而且能够提前预测人力资源管理中可能出现的问题，及时采取措施加以遏制，在大幅提高问题响应速度与处理效率的同时，可以大幅提升企业的长期竞争力。

HR部门定位方面

数字技术的应用促使人力资源部门从业务支持部门向企业战略决策的核心部门转变。在大数据时代，人力资源逐步成为企业发展的重要资源，人才争夺战逐渐取代市场争夺战成为影响企业可持续发展的关键因素。人力资源部门借助数字化技术开展人力资源管理工作，借助数字型人才的力量助力企业重大战略目标的实现。

组织架构设计方面

企业要想实现上述各方面的数字化变革，必须打通内部各部门之间的数据，打造相关数据链，综合企业各部门的业务，顺应企业数字化转型战略，构建符合现代化人力资源管理的组织架构。

人力资源管理中的数据分析业务实际上是一种客观行为，但由于传统分析模式中主观因素占比较大，因此，分析结果的科学性和参考性都有待提升。换句话说，传统的人力资源管理相当于主观思维的验证行为。而在基于数字技术的现代化人力资源管理业务中，借助大数据技术对相关数据进行全面采集与动态分析，不仅可以提升分析结果的客观性与参考性，还可以提高数据分析速率与准确性，缓解管理者的数据分析压力，提升人力资源管理与决策效率。因此，在数字化时代，企业可以组织相关培训，强化员工的数字理念，提升其数字技能，推动人力资源管理实现数字化转型与变革。

03 数据分析在HR领域中的应用

在数字化时代，大数据、物联网等技术的深入应用给企业发展带来了空前机遇，深化了企业各个领域的数字化变革，开拓了企业发展的多种形态。单就人力资源管理领域来讲，数字技术带来的先进管理手段给传统的人力资源管理模式造成了较大冲击，并且数字技术作为关键核心技术不断带动人力资源管理模式实现数字化转型与升级。

数字技术的发展和应用给人力资源管理带来了重大机遇，促使企业的组织架构和企业文化得以重塑与升级，推动人力资源分析方法不断变革，促使工作流程与方式持续创新，对企业人力资源管理的数字化和现代化产生了积极的推动作用。

在数字化时代，不断壮大的数据规模、不断丰富的数据维度，推动现代化人力资源分析系统发生了较大变革，主要表现在以下三个方面，即人力资源数据收集与整合的变革、数据分析与呈现方式的变革、人力分析组织流程和方式的变革。

数据收集与整合的变革

传统的人力资源分析主要涉及员工的籍贯、年龄、学历、薪资等简单数据，并且分析方法与结果都比较简单，不足以深入了解员工情况。而现代化的人力资源分析系统利用数字化手段扩展员工数据收集的广度和深度，覆盖了生理数据、行为数据及关系数据三个维度。

生理数据主要指反映员工身体素质的数据，通常可以借助智能可穿戴设备或现代化新型设备获取，如员工基因数据、体脂率数据、血压心跳数据等。这些数据作为重要的先天人力数据，是企业辨别员工身体状况和工作潜力的重要依据。

行为数据一般指反映员工生活习惯及行为轨迹的数据，通常可以利用大数据、物联网等技术手段来获取，包括员工的学习数据、娱乐消费数据、求职简历投递情况等。HR 可以通过这些数据掌握员工的受教育程度、工作经历等，了解员工的文化素质。

关系数据通常指反映员工人际关系网络的数据，主要包括工作沟通与合作情况、邮件往来等数据。企业可以通过这类数据确定员工的社交情况，并将其作为分析人力资源社交网络的重要依据。

人力资源部门通过对上述三类数据进行收集与整合，能够全面掌握员工的受教育情况、工作技能、薪资水平等情况，并将其应用于人力资源管理与决策。同时，人力资源部门还可以与企业的其他部门共享这些数据，辅助其他部门制定更为合理的商业决策，全面提升企业的综合发展能力。

数据分析与呈现方式的变革

数字化时代同样为数据的分析与呈现带来了新方法，其中以人工智能技术和深度学习技术的应用最为典型。一方面，企业要在人力资源分析工作中借助人工智能技术和深度学习技术创建员工数据模型，结合神经网络、经济学模型，增强员工数据分析的专业度与自动化程度，提高数据分析速度与准确率，提升人力资源分析的现代化程度。同时，充分发挥大数据技术的优势，对海量员工数据进行深度挖掘和剖析，精益求精，将数据的潜在价值释放出来，形成独具特色的人力资源数据资产。

另一方面，在数据呈现方面，企业可以借助数据可视化技术、图形学、共现分析等方法呈现数据分析结果，形成相关统计报告和预测报告，并将其作为人力资源决策依据，同时结合企业的核心战略与市场行情，制定科学合理的人力资源决策并促进其落地实施，推动企业实现长足发展。

人力分析组织流程和方式的变革

人力资源数据的收集与整合、分析与呈现，都是基于人力资源分析的组织架构来进行的，数字技术在以上两方面的深入应用，反向推动人力分析组织变革，促进企业加大数字型人才的招募力度，以扩充现代化人力资源管理队伍，满足人力资源分析的数字化变革需求。

同时，数字技术的应用也促使人力资源分析流程发生较大变化。传统的人力资源分析业务通常会遵循发现问题、分析问题、解决问题的流程，但这套流程效率较低，而且具有一定的滞后性，不利于企业发展。而将大数据、人工智能等技术应用于人力资源分析，能够充分调动数据活性，结合市场动态对人力资源分析业务进行预测和优化。

04　大数据在HR管理中的问题与对策

隐私保护问题

在数字化时代，由于现代化人力资源管理业务的开展需要员工生理、行为、关系三类数据提供支撑，因此，数据收集过程可能会涉及员工隐私，激起员工的抵触情绪，使其拒绝配合数据采集，导致采集的数据不全面、不准确甚至不具有参考性。这种情况不仅会对企业开展现代化人力资源管理产生不利影响，还会降低员工对企业的信任，消磨员工工作的积极性，使企业受到来自社会各界的舆论压力，给企业的形象和口碑带来负面影响，不利于企业长远发展。

在数据驱动的现代化人力资源管理模式中，全面、完善的员工数据是支撑业务开展的关键，因此，企业需要收集员工的多维度数据，包括员工的生理数据、行为数据和关系数据。但这些数据涉及员工的个人隐私，一旦泄露后果不堪设想。因此，保护数据安全是人力资源管理的重中之重，也是保障现代化人力资源管理工作顺利推进的关键，具体需要做到以下三点。

（1）企业可以采用映射法收集数据，这种方法能够实现员工个人信息与身份信息的相对隔离，用时显示，不用时隐藏，避免涉及员工隐私的信息一直处于对外显示状态。企业还可以利用数据脱敏手段对员工个人敏感数据进行脱敏处理，保障员工隐私数据的安全。此外，企业还可以利用先进的技术手段促使数据加工处理实现一体化、自动化，简化数据处理流程，降低数据泄露风险。

（2）相关监督机构、主管部门、研究机构可以联合开展数据规范研究，出台一系列保护数据隐私的法律条文、行业准则，划清数据使用与保密界限，用法律手段防止数据过度展示、数据使用不规范的情况发生，确保员工隐私数据保护有法可依。需要注意的是，相关机构不能为了过度保护个人隐私数据，限制其在现代化人力资源管理中的应用，不能颠倒主次，否则将无法推进人力资源管理的数字化变革，相关法律条文也将失去原有的意义。

（3）企业要根据相关的法律法规明确数据的产权归属。人力资源分析使用的数据由两部分构成，即内部采集的数据和外部渠道共享的数据。因此，企业在使用外部数据时要注明数据的来源，一方面方便人力资源部门对数据进行追根溯源；另一方面可以避免不必要的数据产权纠纷，帮助人力资源部门对数据进行深入挖掘与使用。

驱动HR管理理论的变革

随着数字化技术在人力资源管理领域的深入应用，传统的人力资源管理理论不再适用，主要表现在以下两个方面。

（1）企业利用大数据技术对人力资源数据进行分析时，较为重要的数据因素在传统人力资源管理理论中无法匹配到相应的管理条例，也就无法解释其原理，更无法就这一数据因素调整管理措施。

（2）传统理论较为重视的数据因素在传统的人力资源分析中是有效的，但在数据驱动的现代化人力资源分析中却不再奏效。因此，在数字化时代，企业必须依据大数据技术在人力资源管理领域的应用实践中开展人力资源管理理论的革新，使其更加契合现代化人力资源管理发展需求，形成理论与实践相结合的局面。

基于大数据的人力资源匹配解决方案

在数字化时代，经验驱动的传统人力资源管理模式逐渐向数据驱动的现代化人力资源管理模式转型。在这个过程中，必定存在经验驱动与数据驱动共存的局面，而实现两者的相互融合是提高人力资源管理效率的关键，也是人力资源管理数字化转型的关键。

在实际应用中，人力资源部门负责人一方面要借助大数据技术对海量数据进行实时收集与动态分析，另一方面要结合自身经验对数据分析结果进行研究和解读，从而作出更加客观的判断，制定更加科学的决策；但要想在实践中真正做到数据驱动与经验驱动相融合是一项重大的挑战。为此，企业要不断开展数字化管理培训，提升人力资源部门负责人的数字化素养。同时，人力资源部门的负责人要不断修正自身经验，改进管理方法，深化数字理念，立志成为数字化时代人力资源管理领域的佼佼者。当然，这个过程无法一蹴而就，需要企业、管理者、市场、社会各方共同奋斗、长期协作。

目前，就业市场普遍存在信息不对称、市场不透明的情况，企业在搜寻合适的人才时仍需要付出较高的成本。而在数字化时代，大数据技术的应用能够帮助企业实现人才匹配与招募。因此，在人力资源管理中，企业应当注重大数据等技术的应用，建立健全人才信息库，以便快速精准地匹配到符合要求的人才，提升人力资源管理效率。此外，企业应当构建统一身份认证机制，便于进行人才筛选，同时还能保障企业的合法权益，尽量避免求职者收到重复的职位邀请，实现数据的高效流通。

数字化时代为人力资源管理带来了新的发展方向，带动了人力资源分析模式、组织架构、组织文化等领域的创新与变革，推动人力资源管理实现数字化升级，但也出现了员工隐私保护、人才筛选与培养、数据确权等新问题。在这种情况下，企业要主动拥抱数字化时代，充分发挥大数据技术的优势，积极探索人力资源管理的新模式，推动人力资源管理部门由辅助支持地位向战略核心地位转变，让人力资源管理部门助力企业实现长远发展。

第四部分

数字化供应链

— 第11章 —

数智变革：供应链数字化转型之路

01 数字化供应链的概念与关键技术

随着5G、大数据、物联网、人工智能等新兴技术快速发展，客户需求越发多样，制造业亟须利用各项先进的数字技术构建高效的供应链，实现供应链的数字化转型，进一步完善供应链管理，提高市场竞争力，实现利益最大化。

什么是数字化供应链?

对制造业企业来说，数据是其数字化转型的核心要素。企业成功实现数字化转型的关键在于有效采集、分析和应用数据，因此，制造业企业应充分利用数字化技术推动传统供应链向数字化供应链（Digital Supply Chain，DSC）转型，提高企业供应链的信息化、网络化、数字化和智能化水平。

数字化供应链是以物联网、大数据、人工智能、区块链等新一代数字信息技术为技术基础，围绕客户和市场需求打造的具有智能化、协同化、可视化特点的网状供应链体系。具体来说，数字化供应链能够利用物联网、大数据、人工智能、区块链等新一代信息技术将所有数据转移到线上，打破不同环节之间的信息壁垒，强化制造和分销之间的关联，提高与供货渠道对接的速度，快速解决供应链各环节出现的各种突发问题。

数字化供应链的关键技术

（1）物联网。物联网是一种以互联网为信息载体，融合了射频识别（Radio Frequency Identification，RFID）、无线数据通信等多种技术的泛在互联网络。物联网技术在供应链管理中的应用可以有效提高供应链的透明度。具体来说，物联网技术的应用能够通过产品识别和产品跟踪等方式优化企业供应链，提高供应链运作的智能化水平和协调性，实现可视化的供应链管理，从而帮助企业在减少成本支出的同时及时满足客户需求。

（2）大数据。大数据是一种具有数据规模大、数据流转速度快、数据类型多样和价值密度低等特点的数据集合。大数据技术在供应链管理中的应用，能够大幅提高企业对市场需求、产品设计、原材料采购、产品制造、订单、物流、协作等供应链各环节的管控水平，帮助企业实现对库存量、订单完成率、物料配送情况和产品配送情况等信息的实时精准掌控。与此同时，企业还可以利用大数据分析技术对各项数据进行分析处理，达到平衡供求关系的目的。除此之外，企业还可以通过创新策划升级供应链战略，完善供应链网络，通过供应链管理的数字化转型打造企业的核心竞争力。

（3）人工智能。人工智能涉及计算机、心理学、哲学等多门学科，语言识别、图像识别等主要研究领域。人工智能在供应链中的应用能够大幅提高供应链的运作效率以及智能化、精简化程度，推动供应链革新，创造出更大的商业价值。不仅如此，AI技术与供应链体系的融合还有助于优化生产制造，推动分销网络不断升级，达到节约运营成本、缩短物流运输时间、维护仓库安全、优化客户服务体验等目的，进而为企业创造更大的经济收益。

（4）区块链。区块链是一种具有数据难篡改、去中心化、开放性、独立性、安全性等特点的数据系统，能够精准记录和验证各方交易数据，防止出现数据篡改、数据丢失、数据伪造等情况，同时还能增强数据的真实性、完整性和透明性，让所有参与者精准把握交易信息，发现错误，明确作为区块链信息提供者的主体责任。区块链在供应链管理中的应用能够有效增强供应链的可追溯性，提高供应链管理效率，减少干扰，避免出现合同争议，并为企业财务管理中的跨境业务管理提供更加便捷、成本更低的管理方式。

02　数字化供应链管理的优势

数字化供应链可以连接企业内外各个信息化系统，构建标准统一的信息化平台，让企业能够实时采集、分享和应用数据，最大限度地提高数据利用率，打造供应链协同系统，实现对物流、信息流和资金流的高度集成管理，同时降低供应链风险，提高供应链绩效。

了解消费者需求

随着数字信息技术的快速发展，企业可以利用大数据技术采集、处理和分析客户数据，并从数据分析中获取有用信息，从而充分掌握消费者需求信息。进入数字化时代后，物流、客户偏好等数据量飞速增长，数据逐渐成为企业发展的核心。在此形势下，大批企业积极革新经营方式，不断提升自身在数据管理、数据分析等方面的能力，利用数字技术实现供应链优化升级，进而达到降本增效的目的。

实现柔性化生产

随着消费结构的不断变化，消费者需求逐渐呈现出多元化、个性化的特点，而且对产品和服务的时效性要求越来越高。在这种情况下，企业要加快推动供应链数字化升级，利用智能制造技术打造小批量、多品种的产品生产管理系统，打通产品设计、原材料采购、产品生产、产品销售、售后服务等环节，实现柔性化生产，从而灵活应对市场需求变化，快速满足差异化的消费需求。

打造全球的供应链网络

随着经济全球化时代的到来，越来越多的企业开始向跨国公司转型，积极参与国际经济市场。由于各个跨国公司的地理位置、生产水平、管理能力等各不相同，因此，由这些跨国公司构成的产品生产供应链网络往往非常复杂。如果企业无法对产品供应链进行科学有效的管理，那么整个产品生产供应链网络的价值产出可能会大打折扣。由此可见，企业必须完善供应链管理体系，推动供应链实现数字化转型，增强各环节之间的协同，提高协作效率，缩短订单交付周期，进而优化客户服务体验，实现对全球供应链网络的高效管理。

推动数字化供应链转型，是我国企业增强核心竞争力、扩大市场份额的关键。具体来说，企业要从企业内部和企业外部两个角度出发，利用数字技术提高供应链管理的数字化水平。

一方面，企业要从内部入手制定数据战略和信息管理方法，创建高价值的数据库，做好数据沉淀，提高数据利用率，增强自身的数据分析和数据处理能力。不仅如此，企业还要打破信息壁垒，优化信息传输机制，让企业内部的各个系统能够拥有统一的数据基础，并实时更新和共享各类数据信息，进而实现更加高效的供应链管理。

另一方面，企业需要将各种先进的数字化技术融入企业外部的各个供应链环节，提高信息传输速度和问题反馈速度，以便上游供应商和客户及时掌握相关信息，同时也要充分保障供应链各个环节的透明度和协调度，降低供应链运作风险。除此之外，企业还需利用各项数据对供应链流程进行优化和创新，进一步提高物流服务效率和服务质量，优化客户体验，打造端到端的供应链管理模式。

03　数字化供应链管理的五个层面

数字化供应链是一种网状供应链体系，能够在采集和应用大数据的基础上，充分发挥大数据、互联网、物联网、人工智能等新一代信息技术的作用，对供应链中的各个业务环节进行优化，围绕客户和价值创造集中管理物流、信息流和资金流，实现数据融通、资源共享与业务协同。随着数字化时代的来临，数字化逐渐成为供应链管理的主流发展趋势。

企业供应链数字化转型探索

（1）数据驱动。为实现供应链数字化管理，企业应搭建供应链控制塔，加快推进端到端供应链可视化，建立具有数据分析功能的决策系统。从数据产生、数据管理、数据分析和数据应用等方面出发，对供应链上下游关键环节的数据进行采集、处理、传递和存储，并以建模分析为手段充分挖掘数据价值，从而进行有效的供应链预测，大幅提高供应链的响应速度。通过供应链溯源功能，实现产品来源可查、去向可查，进而在数据的驱动下打造智能化的供应链，做好供应链管理中的事前控制。

（2）生态协同。为实现多方共生共赢，利用供应链创造更大的经济价值，企业需要对产业链进行优化，促使产业链各环节实现协同。具体来说，企业应先建立一个涵盖多元主体的生态体系，打造网状供应链生态，连接供应商、制造商、运输商和客户等多方主体，提高各方主体在资源、能力和业务方面的协同性以及在获取数据方面的及时性和精准性，以便供应链能够根据市场变化作出及时、精准、灵活的调整，实现供应链价值最大化。

（3）流程一体。企业应该在高效监管的基础上对组织流程进行数字化重塑，同时也要连接供应链上下游各方主体，促使采购、研发、计划、生产制造、销售、交付、退货回收等业务环节实现一体化，实现实时化的业务执行和集中化的信息管理。

（4）智能决策。企业在完成数字化转型后要不断积累各项数据，并对这些数据进行深入挖掘和分析，发现并及时解决其中潜在的问题，从而以充足的信息支撑决策，提高决策的有效性。不仅如此，企业还可以利用机器学习在解决问题过程中积累的问题解决方法和解决思路，提高机器控制的自动化和智能化水平，进而实现智能决策。

企业供应链数字化管理层面

企业可以分别从战略、角色、业务、数据和技术五个层面推进供应链数字化管理。

（1）战略层面：企业决策层应制定供应链管理战略规划，明确供应链管理的转型方向，根据企业的实际情况分析供应链数字化转型的必要性。存在数字化转型需求的企业需要进一步规划数字化供应链转型战略，并设定创新业务流程、提高供应链运行效率、减少供应链运营成本支出等具体的转型战略目标。同时，根据各项战略目标来确定库存周转率、客户满意度、订单交付周期、净资产收益率等绩效指标，进一步完善供应链数字化管理水平的评价标准。

（2）角色层面：企业的决策层和管理层应充分了解供应商、制造商、服务商、经销商和客户等供应链各个参与主体，由各方主体共同推动供应链数字化管理转型工作。

（3）业务层面：企业管理层应根据供应链的各项流程（如计划、采购、制造、交付、退货），明确企业供应链数字化管理的各项业务。

（4）数据层面：企业供应链数字化管理平台开发团队要全面掌握供应链数字化管理相关数据资源的开发应用流程，具体流程如表11–1所示。

表 11–1　数据资源开发应用的四大流程

流程	具体操作
业务理解	深入理解供应链数字化管理中的相关业务场景和活动，明确数据开发应用需求
数据准备	对与供应链数字化管理有关的原始数据进行采集、存储和清洗，将其处理成可用于计算和分析的数据
数据建模和评估	以业务规则、业务属性和运行算法逻辑为基础构建数据模型，评估该数据模型的业务实用性和算法科学性，并对这些数据模型进行分类存储
模型实现	由于业务场景具有多样化的特点，因此，供应链数字化管理平台的开发团队要按需选择数据模型，并运用合适的数据模型进行业务分析、描述、预测和优化

（5）技术层面：企业供应链数字化管理平台的开发团队应灵活运用以下各项关于供应链数字化管理的技术，如表 11–2 所示。

表 11–2　供应链数字化管理技术

技术类型	代表性技术
智能操作技术	自动驾驶、工业机器人、机器视觉技术、数字化生产设备等
感知互联技术	5G、6G、物联网、以太网、移动互联网等
建模分析技术	云计算、人工智能、模拟仿真、大数据分析等
信息安全技术	区块链、加密算法、入侵检测等

企业可以分别从以上五个层面入手设计并构建供应链管理体系，按部就班地推动供应链管理走向数字化和智能化。

04　企业供应链数字化转型的六大要诀

企业在推动供应链管理数字化转型的过程中，既可以利用大数据、物联网、云计算、人工智能和认知技术等新兴技术提高供应链的智能化程度，达到提升供应链运行效率和强化风险防控的目的，也可以借助这些先进技术革新供应链的运营模式，实现端到端的运营能力优化。除此之外，这些新兴技术在供应链管理中的应用还能为管理者决策提供有效的信息支撑，以便企业决策层能够更加及时地作出精准决策，为企业创造更大利益。

易：体验至上

企业可以利用数字化解决方案革新客户与企业之间的交易模式，让客户只需通过移动设备和电商平台就能完成交易，为用户提供端到端的用户体验，在确保企业高效运营的同时提高客户的满意度。在进入数字时代后，企业可以采用B2C模式（Business-to-Consumer，商对客）直接面向消费者开展销售活动，并利用物联网、云计算、大数据分析等技术构建企业对企业（Business-to-Business，B2B）的协同平台，在互动和协同的同时围绕客户构建运营模型，将交易由线下转移至线上。

准：主动感知

企业可以利用大数据、认知计算等新一代信息技术对产品需求和服务需求进行深度理解和感知，进一步提高对需求的精准预测能力，统一各个合作方的运营体系。具体来说，企业可以借助人工智能和认知计算实现对客户需求的预先感知，以对客户需求的深度感知为依据，对生产计划、销售计划进行合理调整。同时，企业还可以利用互联网技术构建用于企业内各个部门互动和共享的集成供应链计划机制和平台，优化供应链，实现供应链运作效能的大幅提高。

智：实时可视

大数据、物联网等新兴技术在供应链数字化转型过程中的应用，能够为企业创建集实时可视、智能分析和决策执行三项功能于一体的智能平台，实现对整个供应链的集中管理和协调，打造协同、敏捷、一致的供应链体系。

透：完全透明

企业可以利用大数据和云存储技术绘制供应链全景图，并从图中了解和掌握供应商之间的层级关系以及重要的供应商。企业可以通过与不同层级的供应商互动对各个供应商的产品库存、产能和产品质量进行监控，从而提高风险防范水平与能力。不仅如此，企业还可以借助互联网、物联网、云计算等先进技术和社交媒体等信息渠道采集国内外的相关事件信息，并对这些信息进行分析处理。同时，利用认知计算对风险事件进行识别，提高供应链的风险应对能力，以便供应链能够在面对风险事件时迅速对计划作出灵活调整，确保企业生产能够充分满足市场需求。

精：卓越可靠

企业可以充分利用物联网和云存储等先进技术提高供应链的运营效率，升级产品，加强产品质量保障，并推动制造体系和物流体系转向智能化。同时，最大限度地压缩成本，提高效能，实现精益生产和精益管理，进一步提高企业生产运营体系的可靠性和高效性，优化客户体验，提升客户对产品和服务的满意度。不仅如此，企业还可以利用机器学习和大数据分析等技术手段提高产品生产和物流运输的动态性，探索影响产品质量的关键因素，并通过预测性分析提前解决设备存在的安全隐患，确保生产和物流环节的可靠性。

敏：即插即用

随着经济全球化，国际市场环境越来越复杂，企业需要不断提高供应链的弹性，构建即插即用的供应链网络和端到端的运营模型，并进一步降低供应链运行成本，优化供应链服务质量，加强风险防范，提高供应链的持续供应能力，协调好成本控制和客户体验之间的关系，提升供应链的灵活性、敏捷性，推动供应链优化升级。

随着数字化技术的飞速发展和广泛应用，各行各业的企业借助数字技术创造的收益也将不断增长，但数字化只能作为企业转型的一个方向，不能为企业发展提供直接且完整的战略计划。对企业来说，直接套用其他企业的数字化转型方案并不是提高企业效能的有效方法，只有根据自身实际情况科学合理地运用数字化技术，制定适合自身的数字化转型方案，才能推动企业快速发展。

第12章
智能物流：大数据驱动物流数字化

01 大数据背景下物流行业的基本构架

大数据（Big Data）是指需要使用新的数据处理模式进行分析以获得更强的决策力、洞察力和流程优化能力的海量、高增长、多样化的信息资产。从实际应用角度来看，大数据可以理解为对数据资源进行整合利用的一种技术手段。

随着大数据产业的迅猛发展，大数据在物流领域发挥着越来越重要的作用，能够帮助物流企业快速全面收集内外部数据信息，并通过分析深挖数据价值，使企业可以及时准确地了解物流运营过程中的动态信息，明确物流业的发展态势和痛点，为制定合理的发展目标、实现高效和有效的物流决策提供有力的信息支持。

大数据应用能够为物流企业的可持续发展提供高效高质的数据支持，提高企业的信息化、智能化管理水平，增强企业的市场竞争力。物流行业的大数据具有数据来源多元化和数据结构多样化的特点。

数据来源多元化

互联网的迅猛发展不仅极大地方便了人们的日常工作和生活，也催生了海量数据信息，成为大数据的一个主要来源。此外，第三方平台对用户上网习惯、行为动作等内容的分析以及报纸、资讯等传统媒体也会产生大量数据。

从物流领域看，数据来源的多元化导致了大数据形式的多样化，既有用户对产品的需求信息、喜好信息，也包括商品本身的各方面信息。对这些数据信息进行有效处理与分析，有助于提高物流运作效率和效果。

数据结构多样化

物流行业的大数据结构具有多样化的特点，从不同角度可以分为不同的类型，如图12-1所示。

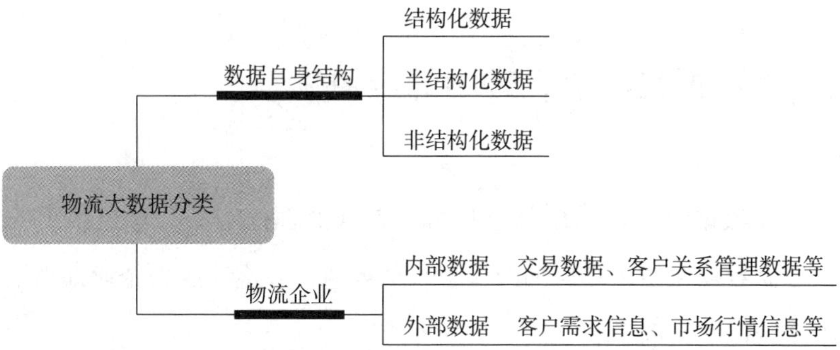

图12-1　物流大数据的两种分类方法

从数据自身结构看，物流大数据包括结构化数据、半结构化数据和非结构化数据。其中，结构化数据是指储存在数据库中、以二维表结构呈现出来、可直接分析处理的数据；半结构化数据指数据的内容具有不确定性、可以围绕使用需要进行扩充的数据，如Exchange存储的数据；非结构化数据指的是无法使用二维表结构呈现出来的数据，如办公文档、视频、图文等，是大数据的主体部分。

从物流企业的角度看，物流大数据可以分为内部数据和外部数据。内部数据是指物流运营过程中产生的各类数据，如交易数据、客户关系管理数据等，具有较强的隐秘性和商业机密性，对物流行业发展有着重要作用；外部数据是指来源于物流行业外部的数据，如客户需求信息、市场行情信息等，与内部数据相比具有较强的公共性。

大数据时代的到来既为我国物流行业提供了新的发展机遇和想象空间，也给物流行业带来了更大的风险和挑战，需要物流企业不断创新现代化的物流模式，积极应用大数据构建物流行业网络信息系统，加快产业结构转型升级，带动上下游产业协同发展，从而有效规避市场风险，获取更大的经济效益。

02 大数据在物流管理中的应用优势

在大数据时代，网络信息技术、数据处理技术及计算机技术的发展，使大数据在诸多领域的应用越来越普遍，并逐渐成为企业提高服务水平及管理能力的重要手段。

在获取数据的过程中，企业应该收集所有相关数据信息，但到目前为止这种可能性几乎为零。但企业可以进一步明确调查范围，明确需要获取的信息类型，在此基础上进行全方位的信息收集。例如，企业可以明确所需数据的组成结构及各个部分的占比，或者明确数据产生的时间段，利用先进的技术手段提高数据获取能力。

历史数据是大数据的主要分析对象，企业对这类数据的精确性要求不是十分严苛。如果是当下正在使用的数据，则要将误差降到最低，否则会给企业的发展带来不利影响。相比之下，历史数据对企业发展的影响比较小。

运用大数据进行信息处理的目的是发现数据之间的相关性，给企业决策的制定提供有效参考。管理者根据数据分析结果制定决策，可以减少决策过程中出现的失误。此外，管理者还可以利用大数据分析事物之间的因果关系。

现代物流企业在管理及运营过程中要面临外部环境的变化，具体包括经济环境、政治环境、社会环境等。在参与市场竞争的过程中，企业想要占据优势地位，就要及时感知外部环境的变化，据此对自身的发展方向、发展策略进行调整，使企业的总体发展及经营理念与时代的变化发展保持一致。

大数据的应用为企业提供了良好的发展途径。借助大数据技术，企业能够获取海量的环境数据，在对这些数据进行深度处理之后筛选出外部环境综合数据作为企业后续运营的参考。如此一来，企业就能准确、清晰地了解并把握外部环境的变化情况，提前制定应对方案，对这些变化进行合理分析与预测，评估企业在变化中可能遇到的机遇及需要承担的风险，对环境变化规律进行把握，提高企业决策的科学性与准确性。

在企业管理方面，大数据的价值逐渐显露出来，企业管理者应该学会在大数据应用的基础上提高自身的管理能力。未来，大数据在企业管理过程中的应用将越来越普遍，而其应用也将改变物流管理的内部环境，促使企业对传统的管理模式进行调整。

提高物流管理的开放程度

大数据的应用能够改变传统模式下物流信息闭塞的情况，促进企业内部及不同企业之间的信息沟通与共享，提高相关部门物流绩效的开放程度，促使企业不断优化其物流服务。企业要给客户提供更多参考信息，就要提高物流绩效的开放程度，便于客户对企业的物流服务质量进行评估，这就要发挥大数据技术的作用。在大数据的驱动下，物流企业将追求更高的绩效目标，进而获得更加长远的发展。

提升物流企业的决策能力

在传统模式下，企业经营者主要依靠自身经验制定决策，大数据的应用能够提高物流企业的决策能力，帮助企业了解行业的发展趋势，避免错失良机。从总体上看，供应链的运营能力能够对企业的物流管理能力产生关键性影响。所以，企业应该促进供应链各个环节之间的信息沟通与共享，通过这种方式提高资源利用率，加速物流运转，优化服务体系。在这个过程中，企业要注重信息安全，避免泄露顾客的个人信息。

提高企业市场决策的科学性

对物流企业来说，源自网络平台、社区的数据资源通常蕴藏着巨大的商业价值，企业可以对其进行深度价值挖掘，为决策制定提供精准的数据参考，从而提高决策能力。物流平台的数据信息更新十分迅速，在短时间内就能产生海量信息，企业可以借助大数据技术把握市场需求情况，据此选择合适的市场策略。在收集、处理数据资源的基础上，物流企业能够满足客户的个性化信息需求，提高品牌影响力，逐步形成稳定的客户资源。

03　基于大数据的智能化物流应用

随着大数据在电商、零售等领域的广泛应用，其价值创造能力得到了充分体现，带来了一系列产业变革。物流业作为传统行业的典型代表，通过大数据实现转型升级，具有十分重要的现实意义。在行业探索者的积极努力下，物流大数据在变革车货匹配模式、运输路线制定及优化、销售预测与库存管理、设备维护等诸多领域爆发出了惊人的能量，给物流从业者的思维模式及管理理念带来了颠覆性影响。

大数据不仅是一种技术或分析方法，还是一项基础设施，就像互联网、交通、通信、电网等基础设施一样扮演着重要的角色。物流大数据作为一种无形资产，不会像车辆、设备等实物一样出现折旧、贬值问题，值得每一家物流企业投入海量资源进行广泛布局。

变革车货匹配模式

在一些综合性的现代物流园区中，很多车辆处于闲置状态，外地送货司机可能需要一两天的时间才能成功配货，较高的闲置率、空载率显著提高了物流成本，造成了严重的资源浪费。为了解决这一问题，也为了提高车货匹配效率，很多创业者及企业推出了物流信息平台及相关的App应用。

这些物流信息平台及App应用通过运用大数据技术对海量需求及供给信息进行充分整合与高效匹配，不仅能够提高资源利用效率，而且在预防货源信息造假、降低物流成本及环境污染方面也具有十分重要的价值。

运输路线制定及优化

在利用大数据优化运输路线方面，UPS（美国联合包裹服务公司）的做法值得国内企业学习借鉴。UPS采用基于大数据技术的Orion系统，能够对20万种可能路线进行实时分析，3秒内为司机制定最优配送方案。未来，UPS将进一步强化Orion系统对配送人员行为及决策的预测与控制能力，及时帮助配送人员纠正错误行为，降低物流成本。

众包物流是物流业发展的主流趋势，如果采用传统的管理模式，由于自由配送人员不属于企业，而且跨区域配送通常需要多个配送人员同时参与，很难对运输路线进行有效管理。而应用大数据技术之后，众包物流可以将运输路线分析结果推荐给自由配送人员，加强他们之间的协同合作，对整体运输路线进行实时优化与完善。

销售预测与库存管理

互联网的广泛应用及商业模式与管理理念的创新使生产者与消费者的无缝对接成为可能，也为物流企业探索新领域奠定了良好的基础。企业利用大数据对用户需求进行深入分析，可以制定完善的品类体系，对引流产品、利润产品等进行科学分类。

另外，企业通过对销售数据、竞争对手的数据等进行分析，可以对库存结构进行持续优化，有效降低库存及管理成本。例如，企业可以判断出各品类商品的安全库存，避免一味地根据同期、同比销售数据盲目采购，依据大数据制订科学合理的库存计划。

此前，企业制订库存计划对管理者的个人经验有较高的依赖性，但因为市场环境及用户需求的快速变化，容易给企业带来比较严重的库存积压问题。而应用大数据技术后，库存将由用户需求决定。企业可以根据用户的社交、电商、出行、浏览等多方面数据，对未来一段时间内的消费需求进行精准预测，显著降低库存风险。

设备维护

以UPS为例，UPS拥有大量搬运、装卸、分拣等物流设备，对这些设备进行及时维护，不仅能够提高作业效率，优化客户体验，还能延长设备的生命周期，减少因为设备损坏造成的财产及人身安全问题。最初，UPS采用定期对设备零部件进行更换的方式进行设备维护，虽然保障了作业效率与客户体验，但要付出极高的成本。

而通过物联网技术对设备实时运行状况进行监测，并利用大数据技术分析设备运行状态数据，可以及时精准地更换出现问题的零部件，在提高物流作业效率的同时显著降低设备维护成本。

因此，大数据在物流行业的应用对物流从业者思维方式、管理理念、商业模式的变革将产生积极的推动作用。在这种模式下，数据不再是静止的、无价值的，从而为企业发掘用户需求、倾听用户声音、创造新产品及服务等提供了有效途径。

04 大数据驱动的企业决策与管理

物流企业在应用大数据技术对企业内部信息进行采集与整合的过程中，通过与提供相关业务服务的电子商务平台相结合，最终构建出结构化数据与非结构化数据两种信息整合平台。

结构化数据整合平台主要是对客户基本信息、订单基本信息、公共基础数据、集装箱货运数据、货运运单数据、货票数据等内容进行采集、整合与处理，建立结构化数据信息库，并在此过程中利用SQL（Structured Query Language，结构化查询语言）、ETL（Extraction Transformation Loading，数据抽取、转换和加载）工具实现结构化数据信息库的数据导入。同时，借助云端数据库实现信息资源的存储以及运输信息的数据化管理。

非结构化数据整合平台则是利用ETL技术、元数据抽取技术和编程技术，采集货运文档、电子邮件、日常工作记录、货运图像、货运语音、货运监控以及系统的其他信息，支持使用者快速查询与检索货运数据信息，并将这些信息以文本分析的形式呈现出来。同时，使用者点击数据时，平台系统会自动对数据进行挖掘和提取，从而实现对非结构化数据的信息化处理。

从信息资源存储处理的角度看，依托大数据技术的货运物流改革主要表现为：借助大数据技术建立数据库系统，使用源架构实现主要业务相关对象和业务信息的存储，其中一些物流企业利用并行数据仓库进行企业数据源的存储与处理。数据源架构系统和数据仓库系统分别满足了物流企业在数据信息资源方面的永久性存储和临时性存储需求，有力地推动了物流运营过程中数据信息存储业务的发展。

大数据应用对物流企业发展具有重要作用，具体表现在以下两个方面。

（1）提高物流企业的战略决策能力。物流企业应用大数据可以提高决策效率和效果，实现更为高效的物流决策。从长远看，大数据的应用还能推动企业组织结构和业务流程的全面变革，形成更为合理的组织架构并优化企业的决策能力，使企业决策制度和决策流程更加高效、高质、规范，从而大幅提高物流企业的战略决策能力。此外，物流企业将大数据应用于决策过程，也有助于增强洞察力，及时发现业务运作和发展过程中存在的问题，实现更好更快的发展。

（2）增强物流企业的运作管理能力。物流企业将大数据应用于业务运作过程，能够提高企业运行的信息化、可视化水平，实现数据信息在企业内部的有效流动和使用。同时，大数据的应用也有助于物流企业更好地了解底层员工的工作情况、设备使用情况、运输车辆信息等，并据此进行资源的合理调度，增强物流企业的运作管理能力，提高企业的运营效率。

05　电商物流大数据应用的问题与对策

蓬勃发展的电商产业给物流行业的发展带来了广阔的空间，然而陷入同质化竞争与价格战泥潭的传统物流企业，不仅面临着物流成本高、时效性差、包裹丢失及损坏等问题，而且给电商产业的进一步发展造成了重大阻碍。物流企业通过应用大数据技术建立健全电商物流体系，可以提高物流运行效率与服务质量，有效地解决这些问题。

但大数据作为一种新技术，在电商物流中的应用尚未成熟，存在系统性的应用理念和技术缺失、大数据人才储备不足、支持性措施不健全等诸多问题。所以，对于物流企业来说，深入了解这些问题，并制定有效的处置策略显得尤为关键。

电子商务物流大数据应用存在的主要问题

（1）缺乏系统性的应用理念和技术。近几年，大数据在各行业的应用程度日渐加深，在交通、零售等领域的应用更是创造出了巨大的社会价值和商业价值。然而各行业要想充分发挥大数据技术和分析方法的应用价值，必须有系统性的应用理念和技术提供有力支持。而在电商物流行业，大数据应用理念和技术仍存在较大的改善空间。

目前，大多数电商企业仍沿用传统模式建立物流体系，对大数据应用缺乏足够重视，尚未将大数据技术融入物流体系的规划、建设、运行及优化等环节。同时，由于现阶段电商物流大数据的应用成本比较高，很多电商企业为了控制成本，只是简单地应用数据，没有建立系统性的技术体系，因而无法将大数据助推电商物流发展的价值充分发挥出来。

（2）缺乏专业化的大数据人才。优秀的大数据人才是大数据在电商物流领域实现高效、低成本应用的重要保障。但大数据作为一种新兴技术，其人才储备需要一定的积累期。在这种情况下，电商物流大数据人才短缺问题短时间内很难得到解决。

此外，电商企业在大数据人才培养方面缺乏积极性与主动性，没有对员工进行系统性的培训，也不注重从外部引进优秀的大数据人才，企业管理者普遍认为与其耗费较高的成本引进大数据人才，不如买更多广告展示位，引入更多流量，从而进一步加剧了电商物流行业大数据人才的缺失。

（3）相关支持措施不健全。电商物流企业应用大数据技术，必须有相关的支持措施为其提供保障，然而由于目前电商企业对大数据应用价值认识不到位，电商物流大数据的应用流于表面，没有建立完善的支持体系。具体来看，相关支持体系不完善主要体现在两个方面。

一方面，物流企业没有结合电商物流大数据的应用情况，对组织内部的体制机制进行优化与完善，导致大数据应用严重受阻；另一方面，物流企业内部的制度与措施执行不到位，导致大数据应用的相关支持性措施难以真正落地，无法为物流转型提供强有力的支持。

电子商务物流大数据应用的主要策略

（1）更新应用理念和技术。引入先进的电商物流大数据应用理念和技术，是电商企业加快大数据应用进程的关键所在。一方面，电商企业要向海内外领先的行业巨头学习现代化物流理念，对其物流体系建设及大数据应用实践案例进行分析与总结，学习先进的大数据应用理念与方法，提高对电商物流大数据应用的重视程度，为电商物流大数据的应用奠定坚实的基础。另一方面，电商企业要引进先进的大数据应用技术。为了降低成本，物流企业可以和专业的大数据服务商合作，借助后者提供的技术支持，结合自身的物流体系现状、客户需求、企业利益诉求等多种因素，对电商物流体系进行优化与完善，确保物流大数据应用项目能够真正落地。

（2）培养和引进专业化的大数据人才。培养和引进专业的大数据人才，是电商企业掘金物流大数据风口的重要保障。

一方面，企业要组织员工进行系统培训，使其具备大数据应用思维，并掌握电商物流大数据应用的相关知识与技能，定期开展培训，强化组织成员在实际工作中应用大数据知识与技能的能力。另一方面，企业要完善组织管理体系，通过激励机制、薪酬管理机制等从外部引进优秀的大数据人才，提高对大数据人才的重视程度，为其提供良好的发展平台，使其能够更加积极主动地为企业创造更多价值。

（3）建立健全相关支持体系。在建立健全电商物流大数据应用的支持体系方面，电商企业要结合自身的物流体系及大数据应用实践，制定与之匹配的制度措施，为大数据在物流体系各环节发挥作用提供有力支持，在破除大数据应用制度壁垒的同时，加强对物流电商大数据应用相关支持措施的执行力度，建立完善的监督机制，确保相关支持措施能够真正落地。

对处在竞争异常激烈的市场环境中的电商企业来说，通过提高电商物流大数据的应用能力，可以有效降低物流成本、提高用户体验，构建强大外部竞争力。目前，由于大数据应用的相关技术尚未成熟、应用成本比较高等问题，大数据在电商物流领域的应用尚处于初级阶段，未来还需要电商企业积极创新，加大大数据应用的投入力度，建立健全大数据应用的支持体系，为大数据的应用提供强有力的支持。

— 第13章 —

数字化采购：构建新型采购管理体系

01 数字化采购的概念与演变路径

采购在供应链中占据着十分重要的位置。随着市场经济的持续发展，在现代企业中，采购部门在进行采购时要综合考虑企业的采购成本和整体利润两项因素，并在从需求管理到入库结算的整个采购过程中不断确定这两项关键绩效指标（Key Performance Indicator，KPI）。

采购人员要随着时代的进步改进管理手段，利用现代化管理工具强化管理，最大限度地提升收益。随着企业不断发展，业务规模不断扩大，业务复杂程度越来越高，导致采购管理的难度越来越大，采购成本、人工成本、管理成本飙升，传统的人工线下管理模式逐渐无法满足企业对管理精细度的要求。而数字化采购实现了对所有采购环节的线上管理与数字化管理，能够大大提升采购效率，减少采购环节的成本支出。

数字化采购并非完全摒弃企业原本的采购管理系统去新建一个截然

不同的采购管理系统，而是在原有采购管理系统的基础上进行完善，通过采购业务的优化实现降本增效，促进企业整体业务的发展。

随着“互联网+”、工业互联网的飞速发展和诸多数字化改革政策的出台，精益管理和产业互联逐渐成为企业发展的新方向，在采购方面也有了更明确、要求更高的工作目标。企业要不断优化供应链管理系统，推行精益供应链管理，淘汰传统的采购模式，推动采购管理模式不断革新。

在20世纪60年代以前，我国有部分处于发展初期的企业仍在采用传统的采购管理模式，寻源、签约、请货、审批等工作都在线下完成，对人和资源有着十分严重的依赖性。但对于处在发展初期的企业来说，由于企业更需要降低采购成本，无须严格的管理手段，所以这种线下采购管理模式足以支撑企业发展。

随着企业的不断发展，到20世纪60年代，只依靠人工进行采购管理已无法满足企业日益增加的管理需求，亟须使用软件系统工具实现降本增效。

物料需求计划（Material Requirement Planning，MRP）系统是制造业用于确定生产计划、采购计划、生产进度、物料需求和库存管理的生产计划与控制系统，初期的MRP系统会通过高效率、大批量生产来压缩生产成本。企业可以利用MRP系统辅助采购部门的工作，让采购部门参考系统中的生产库存数量合理安排采购活动，将库存量控制在最低范围，从而减少在库存方面的成本支出，促进商品周转，实现产销平衡，保持健康的现金流，合理规划资金，提升企业的经济效益。随着企业管理水平不断提高，MRP系统升级为具有能力需求计划（Capacity Requirements Planning，CRP）和执行计划功能的闭环MRP系统，辅助工业制造企业实现了闭环管理。

到20世纪80年代，企业对管理的要求越来越高，开始采用可以对采购、人力、财务等多个部门进行管理的制造资源计划（Manufacturing Resources Planning，MRP Ⅱ）系统。MRP Ⅱ系统以制造资源为核心，融合了财务系统和生产管理系统，不仅实现了高效的库存管理，还打通了物流信息和资金流信息。但MRP Ⅱ系统尚未实现对业务全流程的管理和控制，无法在其他行业发挥作用。

随着计算机技术的进步和企业管理要求的不断提高，美国Gartner Group公司于1990年提出企业资源计划（ERP）的概念。ERP在MRP Ⅱ的基础上增加了质量管理、计划管理、人力资源管理和内部经营管理等多项功能，是面向企业内部的制造协同管理软件。

1995年，企业管理解决方案的提供商SAP公司在北京成立SAP中国公司后，推出了SAP管理方案，让许多企业深刻认识到系统工具的重要性，它们纷纷将自身的管理模式从粗放化管理向信息化管理转型，力争实现边际效益最大化。

虽然ERP系统能够增强企业的管理能力，但在供应链联通和管理方面还有许多不足。特别是在采购环节，由于ERP系统的覆盖面十分有限，线下采购管理的工作量比较大，极易出现管理漏洞，给企业带来合规风险和利益损失。

对于20世纪的企业来说，ERP系统足以满足企业的管理需求。然而，随着企业的不断发展，组织架构越来越大、越来越复杂，企业对管理系统的要求不断提高，必须找到能够充分满足各部门所有需求的管理系统，才能实现更好的协同和配合。采购信息化系统的发展如表13-1所示。

表13–1　企业采购信息化系统的发展

系统应用	应用时期	管理核心	应用目的	应用效果
无系统应用	20世纪60年代以前	粗放管理		
MRP/闭环MRP	20世纪60年代	以生产计划为核心	保持产销平衡，解决采购、库存、生产、销售的管理问题	减少库存，保证现金流，降低企业的运营风险
MRP Ⅱ	20世纪80年代	以连接企业内部资源为核心	对企业的物流、资金流进行线上化、一体化管理	物流信息与资金流信息统一
ERP	20世纪90年代	以企业内部协同为核心	保证企业内部的信息流通与协同，利用系统化管理为企业决策提供支持	企业内部系统统一，各部门协同能力增强，实现多地区、多业务下的信息集成
数字化采购系统	2000年以后	以供应链协同为核心	面向整个产业链发挥协同效应，满足不断变化的需求，实现企业效益最大化	打通企业内外数据流、物流、资金流、信息流，提高采购效率与上下游的协同能力，缩短交货期，实现精细化采购管理

就目前来看，许多企业都已进入信息化管理和精细化管理阶段，而采购作为供应链管理中的重要环节也亟须提高智能化和数字化水平。

02　四流合一：数字化采购的价值

基于互联网的企业管理既能强化企业内部的协作能力，也能联通供应链上下游的各个企业，实现物流、资金流、信息流、数据流“四流”协调统一，大幅提升企业的运作效率。

时代的进步和企业的发展改变了采购人员的职能，因此，采购人员需要使用新的管理工具确保采购活动有序开展，源源不断地为企业的生产、经营活动提供物资，满足企业生产和运营需求。

各行各业企业的采购额占销售额的百分比各不相同。根据中国物流与采购联合会在2012中国采购研究专题报告会暨《中国采购发展报告》发布会上公布的数据，我国企业采购总支出在企业销售收入中的占比超过50%。因此，各个企业对降本增效的需求越来越迫切，这就要求采购人员具备更高的专业度。

过去，企业把获利的重点放在提高销售收入方面，采购部门要完全根据运营部门的需求进行采购。目前随着市场竞争越发激烈，企业难以提高销售收入，逐渐将重心转向提高内部运营效率方面，开始研究如何在采购环节减少成本支出。

假设一家企业的年销售额为100亿元，利润率为20%，那么该企业的年利润就是20亿元。如果该企业的采购支出为50亿元，采购成本降低10%就可以节约5亿元，企业的年利润率就能达到25%。由此可见，当企业难以提高销售收入时，降低采购成本能让企业获得更高的经营利润，但这也对采购人员提出了更高的要求。

企业从粗放化管理转向精细化管理后，要改变采购策略。为了保障企业数字化转型时的利润和收益，采购人员不仅要对采购成本、采购交期、商品质量等因素进行综合考虑，还要充分把握市场需求，不断提高自身在运用数字工具和供应链管理方面的能力。

以快消品企业为例对采购数字化的价值进行探究。某快消品企业每年花费上亿元用于广告促销和事务促销，但由于缺乏采购业务体系和集中的采购管理系统，需要重新规划采购业务。

一方面，该企业内部存在数据壁垒，没有实现信息共享，导致采购同一商品的价格不统一，不仅不利于供应链管理，也让企业增加了许多不必要的采购成本。尤其是部分商品在线下采购，导致采购过程不透明，采购成本比较高。

另一方面，该企业使用的ERP系统只能用于内部采购流程，通过上传实施方案和报价明细等文件的方式上报采购计划，有时会出现采购后再汇报的情况，具有极强的滞后性，不利于企业管理人员找出问题并解决问题，也不能进行采购管理。

该企业在对采购业务进行数字化改造后，不仅实现了供应商资源共享，统一了采购价格，还通过数字化系统获取大量供应商，通过不断询价、比价压低采购价格，实现了线上采购，不仅节约了采购成本，还强化了企业对采购环节的管控力度。

在采购管理方面，很多企业面临着与该快消品企业一样的问题。随着企业业务的日益丰富、采购需求和政府监管标准的不断提高，只依靠线下产业链已无法满足企业的发展要求。企业需要在采购环节使用数字化工具，以加强管理，实现降本增效，而采购数字化恰好可以满足企业的这一需求。

采购数字化是借助数字技术、数字工具、互联网和大数据技术实现低成本高效率采购的一种采购模式，能够帮助企业完善采购流程，在提高采购效率的同时压缩采购成本并保证采购质量。

采购数字化市场就是通过对寻源、招标、投标、计划、预算、交付、报销、管理等各环节进行数字化改造来提高企业的采购能力，完善采购流程，满足企业对交期、成本、质量等采购需求的市场。

03 企业采购管理中存在的问题

由于市场需求是不断变化的，因此，企业的采购策略和采购管理方式也要随之改变，如此才能实现降本增效、精益管理。

从政府监管的角度看，企业的所有经营活动都必须合规，企业要将合规管控作为重中之重。而在传统的采购模式下，企业要在线下完成寻源、比价、合同管理等多项工作，而这种线下工作方式存在监管难、风险大等问题。

以询价为例，在监管制度不规范、系统工具不足的企业中，往往会出现采购人员干扰报价、影响询价公平或供应商串标拉高报价等情况，给企业带来合规风险。为了规避这些风险，企业必须制定严格的合规管理制度，力求杜绝违规行为，保障公司利益，降低采购成本。

从物资采购的角度看，企业还需解决许多难题。

（1）在生产物资的采购方面，由于小批量、多品种的采购需求日趋常态化，企业的采购管理要有更高的柔性。在传统的采购模式下，采购人员通常采用大批量采购的方式满足企业对生产物资的需求，这种方式具有供应商少、成本可控、管理难度小的优势，更适用于物资品种比较少的情况。但在现阶段，企业对物资的需求呈现出小批量、多品种的趋势，采购人员要进行多次采购才能满足物资需求，由于单次采购的产品数量减少，采购人员必须重新制定谈判策略并选择新的供应商，还要综合考虑交付周期、采购成本等诸多因素。

（2）在非生产物资的采购方面，需求方对需求响应速度的要求日益升高，因此，企业要增强各部门之间的协作。一般来说，非生产性物资指的是企业内的日常办公用品，制造业企业对这类物资的需求量比较小，而第三产业的企业对这类物资的需求量比较大。对于第三产业的企业来说，采购人员做好非生产物资的采购可以更好地满足企业员工的物资需求，优化员工的工作体验，提升企业管理效能。

部分企业的采购职权集中于总部，分公司和子公司需要采购物资时必须向总部提交申请，要经过一系列复杂的审批程序，这个过程需要花费大量时间，因而无法及时满足物资需求，导致采购体验比较差。

也有一些企业为了方便下属分公司和子公司及时采购物资而向其授予非生产物资的采购权。但由于企业内部的采购系统不统一，总部难以管控分公司和子公司的采购活动，导致采购成本的可控性比较低。

以上两种情况是许多企业面临的难题，因为企业不仅需要完整、规范的组织架构和采购管理体系，也要做到方便员工采购物资，所以必须建立完备的采购体系和管理制度来管控企业的各项采购活动，不断增强协同能力，加快物资交付速度。

04 企业需求推动采购数字化升级

随着企业采购需求的不断变化，企业必须及时调整采购管理方式，推进采购管理数字化转型，以便满足企业发展过程中的新需求。

大多数企业在发展过程中已经基本完成系统建设，并逐步将信息化和数字化建设置于企业发展的重要位置。不仅如此，企业的数字化意识也逐渐从企业内部拓展至整个产业，越来越注重产业链上下游的信息共享，并极力提高企业供应链的数字化能力，尤其是采购环节的数字化能力。

目前，大多数企业已经开始构建合规管理体系，将经营合规系统建设放在首要位置。对于企业的采购管理来说，合规管理和成本控制是重要内容，而比较有效的管理方式就是招投标管理。

招投标管理是一种高度公开透明的采购管理方式，具体来说就是招标企业提前设置一些条款并通过招标网站公布，吸引有意向的供应商投标，招标企业可以在投标企业中选择一家合适的企业成为中标企业。

企业要加强对招投标活动的合规性管理。在传统的采购模式下，企业一般会直接安排采购部门负责整个采购活动，采购人员会在线下联系供应商。从企业管理者的角度看，这种采购方式可能因为采购人员的个人资源有限找不到性价比最高的供应商，也可能存在采购人员选择不公的问题，如采购人员私自与供应商合作等。而线上公开招投标采购恰好能够解决这些问题。

（1）企业使用招投标管理系统开展采购活动能够更好地管理供应商资源。招投标管理系统可以创建潜在供应商池，将符合投标条件的供应商纳入其中。采购人员可以对这些潜在供应商进行分层管理，并寻源招标，大大提升寻源效率。

（2）企业使用招投标管理系统能通过线上化、数字化的方式大幅提升采购活动的网络寻源效率。与线下寻源相比，线上寻源有多种优势，不仅能让采购人员有更多资源可选择，也有助于企业管理者对招投标的全流程进行监管，大大提高了采购效率和安全性。

（3）企业可以将AI技术应用于招投标管理系统，并利用语义分析和光学字符识别等技术提高评标、评审环节的工作效率，还可以通过信息共享保证评审的客观性，在一定程度上避免出错。

（4）企业使用招投标管理系统能够更好地控制采购成本。一方面，招投标管理系统中有来自全国各地的供应商，各个供应商之间竞争激烈。为了中标，各个供应商在竞标时往往会给出最低价格。另一方面，招投标管理系统可以用于查找供应商以前的竞标价格和中标价格等信息，为企业选择供应商提供更全面的参考。

除了进行招投标管理外，企业还可以借助采购询价比价管理和大范围网络寻源等方式加强采购活动中的成本管控。目前，大多数企业都有一定的合规管理意识，并对招投标管理系统进行持续迭代更新。近两年，进入新冠肺炎疫情防控常态化阶段后，远程审标的管理方式受到越来越多的关注。除此之外，还有许多招投标管理方式也在随着环境和政策的变化不断升级。

05 数字化升级推动采购人员职能转变

随着采购管理需求的不断变化，企业逐渐加快了采购数字化转型步伐，采购业务的数字化对采购人员提出了更高的要求，促使采购人员的职能发生了一定的改变。

更强的资源整合能力

（1）供应商选择。过去，企业通常根据实际需求选择大批量、单一品种的采购方式，采用这种采购方式易与供应商保持稳定的供需关系。但随着小批量、多品种采购需求逐渐占据主导地位，企业与供应商之间的供需关系可以说是转瞬即逝。当原有的供应商无法满足企业的采购需求时，采购人员必须及时获取更多供应商资源和供应商市场信息，以公开招标、网络寻源、供应商比价等多种方式刺激供应商形成良性竞争，从而最大限度地压低采购价格。

（2）供应商管理。为了充分满足企业目前以及未来一段时间内的采购需求，采购人员不仅要采用更明确、更严格的管理规则做好供应商管理，还要切实把握企业战略，不断调整采购规划。具体来说，采购人员要根据企业的销售策略和生产计划判断出企业生产所需的原料数量，为企业未来一段时间内的生产和发展寻找一批合适的供应商，并与各个供应商保持良好的伙伴关系，为未来的采购活动提供方便。

采购人员需要根据各类物资的采购需求建立标准化的商品目录，尤其是非生产物资，这样不仅有助于采购人员更便捷地管理商品，还能让申请采购信息更加清楚，防止出现重复采购或错误采购的情况。

对企业来说，资源整合能力是一项关键能力，资源整合能力较强的企业往往能够更加沉着地处理突发状况。以某口罩生产商为例，在原来的纱布供应商无法继续向其供货时，采购人员积极进行网络寻源，并通过采购系统寻找有口罩需求的企业，迅速联通供销链上下游的企业，不仅解决了原料供应难题，还找到了新的销售渠道，保障了疫情期间的口罩供应，为疫情防控作出了一定的贡献。

有效预测与抵抗风险的能力

企业经营与发展过程中必然会伴随各种各样的风险，因此，企业必须具备预测和判断风险的能力。在采购方面，采购人员要具备随机应变能力，在面对突发状况时能够灵活应对，抵抗风险。

随着时代的进步，消费业态和消费者的消费习惯不断变化，消费需求也可能随之改变。大数据预测分析可以将这些变化迅速传输至采购端，辅助采购人员及时调整采购计划，更好地满足消费者需求，以免遭遇库存风险。目前，大多数企业的抗风险能力比较差，例如突如其来的新冠疫情让许多企业陷入困境，甚至导致部分企业破产，而那些供应链危机管理意识与能力较强的企业却能迅速恢复生产。

近年来，各行各业的企业都在致力于强化自身的供应链能力，且部分企业取得了一定成效。

以美的集团为例，2020年初的新冠疫情给制造业复工复产造成了不良影响，在这种情况下，美的集团积极响应工信部的“产业链固链行动”。到2020年3月，美的表示集团内员工复工率达到87%，复产率达到84%，供应商整体复工率达到89%。2020年4月，美的发布美云智数供应链云平台帮助中小供应商在疫情期间复工复产，打通供应链上下游，利用网络寻源、风险预测、协同管理、自动化订单等诸多功能，帮助供应链上下游的企业更好地抵抗供应链风险。

由此可见，在数字化时代，当企业面临疫情等突发状况时，传统的采购管理方式无法有效管理各项采购活动，也难以支撑企业供应链的正常运转，而数字化的采购管理工具却能够大大提升采购人员的能力，在需求快速变化或“黑天鹅事件”中助力企业平稳运行。

培养供应链管理思维

供应链管理能力是影响企业未来发展的关键因素，因此，企业必须培养供应链管理思维，强化自身的供应链管理能力。

除了管理者之外，业务人员也需要具备供应链管理思维，因为业务人员需要直面供应链上下游的各项业务。作为核心业务人员的采购人员必须具备敏锐的洞察力以及联通上游供应商与下游需求方的能力，这对采购人员的供应链管理思维提出了更高的要求。

不仅如此，在企业内部协同方面，采购人员的重要性也十分突出。具体来说，由于前端运营人员直面需求端，而采购人员对接供应商，因此双方只有实时共享信息、协同配合，才能快速响应需求。

总而言之，进入数字化时代之后，企业的采购活动逐渐从被动转向主动，采购人员的职能也逐渐从执行转向规划。企业不仅要注重采购成本控制，做好采购活动的合规管理，还要关注交期和协同问题。在这种情况下，采购人员不仅要确保采购的低成本、高质量、高正确率和合规性，还要积极学习规划采购方面的知识，深度把握市场现状和未来走向，明确商品情况和采购需求，持续拓展供应商资源，将思维观念从“把事情做好”转向“做正确的事”。为此，采购人员要借助数字化工具不断提高自身能力，从而更好地完成采购工作。

06　招商局集团：数字化采购招标管理实践

招商局集团电子招标采购交易平台具备物料管理、采购寻源、供应商管理、采购协同管理、大数据分析预警、采购综合信息监控等多个管理系统，有助于企业采购实现数字化转型，为企业带来了采购整体解决方案。不仅如此，该平台还可以通过“合作共建”提高数字化能力，提高采购的合规性和企业的成本控制能力。

在规范性和灵活性方面，电子招标采购交易平台中的采购寻源系统能让企业实现全流程线上化、透明化的采购，还可以通过线上提交采购需求的方式实现差异化寻源，让采购过程变得更加灵活。

在控制成本和提升效率方面，电子招标采购交易平台可以利用大数据技术深度挖掘并分析与招标、采购、市场密切相关的数据信息。

（1）招商局集团可以在电子招标采购交易平台中的招标采购综合信息监控平台上借助大数据寻求商机、分析对手、监测招投标市场，并在数据内容上对采购系统形成强有力的支撑。

（2）招商局集团可以通过电子招标采购交易平台中的采购大数据系统，实现流程预警、效能管理、行为分析预警、数据表组合查询和生成报告以及采购数据的挖掘、分析、监管和应用，创建一个能够高效利用和管理数据的闭环，有效压缩成本、提升效率。

（3）在供应商管理方面，招商局集团可以借助电子招标采购交易平台中的供应商管理系统实现精细化管理。招商局集团可以利用该平台获取全面的供应商动态信息，破除供应商数据壁垒，实现及时检测、信息共享、完善评估体系等功能。

（4）在物料库存管理方面，招商局集团不仅可以借助电子招标采购交易平台实现退货、库存管理、生成订单、订单变更提示等工作的智能化改造与升级，还能通过平台中的物料管理系统实现“一物一码”和“以码识物”等多项智能化功能。不仅如此，充足的物料数据还有助于招商局集团高效地实现采购计划、满足采购需求、完成采购销售并统计以及管理物资库存。

（5）电子招标采购交易平台面向企业内外的多家企业开放，既可以供集团内的代理机构和下属企业使用，也能供南光集团、中国旅游集团等外部企业使用，充分发挥平台在采购方面的作用。

综上所述，企业可以通过采购和招标数字化转型推动各项业务数字化，并充分发挥信息化管理系统的作用，对各系统中的数据进行高效管理，充分发挥数据的价值。

第五部分

数字化财务

— 第14章 —

数字化财务：开启新一代财务时代

01 数字化时代的企业财务转型

物联网、大数据、云计算等新一代信息技术是企业财务数字化转型的重要驱动力，能够有效推进企业的财务共享建设。移动互联网的广泛应用为企业创造了财务共享的条件，让财务人员的工作不再受时间和地点的限制，可以随时随地互联互通，共享数据信息，充分满足财务信息共享需求。由此可见，随着新一代信息技术的广泛应用，企业推进智能化、数据化的财务共享已是大势所趋。

产业升级，加速财务数字化转型

财务数字化转型是企业推进数字化转型的关键环节，需要在新一轮产业升级和技术变革的基础上，以内部管理需求为驱动力，以政府政策为导向不断推进。在产业转型升级的背景下，企业财务部门要引入财务思维，促进业财融合，建立财务共享中心，进而为财务数字化转型提供强有力的支撑。

企业管理需求拉动管理会计创新

管理会计包括成本会计和管控系统两部分，是以企业内部管理需求为主要发展动力的管理手段，能够有效促进战略、业务、财务一体化，在企业的财务管理活动中发挥着重要作用。随着经济形势的不断变化，企业对战略转型、风险管控、管理精细化和产业结构优化的需求日渐突出。在这种情况下，企业将管理会计应用于财务管理，可以对技术创新、管理创新和资源配置优化产生积极的推动作用。

对企业财务部门来说，实施精细化管理可以促进业财融合、管控升级、清除冗余数据，从而提高财务管理效率，实现财务管理标准化、流程化、自动化、智能化，为战略财务、共享财务和业务财务的实现奠定良好的基础，加速财务职能转型。

政策环境驱动财务数字化转型

2015年12月，中央经济工作会议强调要“着力加强供给侧结构性改革”，并提出“宏观政策要稳、产业政策要准、微观政策要活、改革政策要实、实惠政策要托底”的总体思路，在政策上为推进供给侧结构调整、提高供给结构的灵活性提供支持，探寻新的经济增长点，推动经济增长。

供给侧结构性改革政策的实施改变了企业的财务管理理念。由于产业结构性供需失衡，企业开始创新财务管理模式，实施精细化的财务管理，并采取加强成本控制、划小核算单位、优化资本结构、释放流动性资金、加强财务风险防控、降低财务资源占用等一系列手段，提高财务管理的信息化和智能化水平。

新技术为企业财务变革提供基础

进入数字化时代后，各种飞速发展的新兴技术逐渐成为财务职能转型的重要技术手段。

随着信息技术从个人电脑时代走向移动互联网时代，再到万物互联时代，最终发展至智能时代，财务管理方式也在持续革新。在个人电脑时代，企业大多使用单机版的会计电算化来进行财务管理；在移动互联网时代，企业大多采取规模化、集团化的经营管理方式进行财务管理；在万物互联时代，大数据、云计算等新兴技术飞速发展，企业将这些新技术与财务管理融合，实施财务共享管控服务，并推进财务流程变革与职能转型，提高财务分工的专业化水平，实现财务数据上云；在智能时代，企业逐渐将AI、RPA等智能化技术应用到财务工作中，推动财务管理向着智能化的方向发展。

进入信息化时代之后，业务和财务之间的界限越来越模糊，财务数据与业务数据逐渐融为一体，财务部门也可以进行数据处理。企业通过加大在信息系统建设方面的投入，提高财务人员的专业化水平。

综上所述，企业管理在风险控制、管理精细化以及产业结构领域的变化是推动财务数字化转型的首要原因，政策和新一代信息技术为财务数字化转型提供了重要支撑。

02　变革1：重塑财务组织及职能

面对数字化浪潮和新冠疫情的冲击，企业纷纷积极寻求数字化转型。财务数字化转型可以提高财务管理效率，加强控制，提高洞察力，为企业带来更多效益，是企业数字化战略中的关键一环。那么，财务数字化转型应该如何实施？有哪些成功案例可以借鉴呢？

随着数字时代的到来，经济环境、市场需求、行业生态等都发生了巨大变化，企业数字化转型需求越发迫切，各行各业的企业纷纷将数字化转型提上日程。数字化转型能够革新企业的运营方式，提高企业的运营效率，增加企业的收入，其中财务数字化转型能够通过重构业务组合和再造业务流程等方式提高财务运营效率，为企业数字化转型产生积极的推动作用。

企业在推进财务数字化建设的过程中，应该重视组织、流程、技术的协同，充分利用数字化运营管理，实现传统财务向价值创造型财务的转变，并在组织、流程、技术三大要素协同的基础上强化财务在价值引擎方面的作用。

下面我们首先来分析企业财务组织的数字化变革。

财务数字化转型就是在财务领域运用各种智能化技术革新财务管理，提高财务数据质量和财务运营效率，重塑财务组织和财务职能，更好地为业务赋能，辅助管理人员制定科学决策，保证经营活动有序进行。在数字化的财务管理模式下，财务人员的职能从原来的记录、汇报结果等工作转变为驱动战略和业务创造价值。

智能化技术在财务领域的应用为企业财务部门提供了有效的管理工具，促使财务部门可以借助数字技术，通过创新流程和高效分析处理财务数据，财务人员可以快速完成基础性的财务工作，将更多时间和精力投入规划、分析和咨询当中，进一步改善了客户体验，为财务工作提供了决策支持，提高了运营效率。

随着财务职能发生转变，企业原有的财务组织结构逐渐难以满足企业的财务管理需求，在这种情况下，企业需要及时对财务组织结构进行调整，重新组建掌握数字化技能的财务管理团队，在组织层面为财务数字化转型提供了支撑。

某初创通信消费服务企业在实现财务组织数字化后，将财务预测作为财务职能，有效优化了客户体验。

在推进财务数字化转型的过程中，该企业将财务组织分为两部分，分别是后台智能服务和前台价值创新，并以组织业务为依据优化人力资源配置，将能够熟练掌握分析技术、建模技术并对业务有深入了解的员工安排到财务组织中。

财务职能在转型时可以利用预测分析模型判断客户的业务方向，预测各种新型产品服务组合和营销策略对客户行为和企业营收的影响，并以结果为依据选择改进产品和服务的方式，例如充分发挥服务、软件以及合作伙伴网络扩展等附加价值的作用，为业务部门探寻新的利润增长路径提供了支持，为客户提供了前所未有的服务体验。

03　变革2：驱动财务管理流程变革

企业推进数字化财务建设不仅要转变财务职能、搭建信息系统、重构财务组织结构，还要根据自身的财务运营管理需求革新财务流程，以便为企业的财务管理提供方便，最大限度地发挥财务数字化系统作用，实现价值最大化。具体来说，企业要做到以下两点。

（1）财务流程标准化：完善财务流程设计，建设标准统一、程序统一的财务流程，提高财务流程的规范性，保证财务工作的开展效率，强化财务运营成本管控。

（2）财务管理制度优化：通过完善运营管理制度和绩效管理制度等财务管理制度，提高财务体系的运营水平。

以某民营企业为例，随着企业不断发展，业务经营范围和企业规模越来越大，子公司越来越多，对资金规模和资金周转速度的要求不断提高，对财务管理数字化转型的需求越发迫切。因此，企业开始推进财务共享中心建设，试图利用数字化的财务共享中心对各项财务资源进行优化配置，提高资源利用率以及财务管理效率。该企业在建设财务共享中心的过程中，主要采取以下措施来优化财务管理流程。

企业在财务共享的基础上，根据业务流程构建全景框架，并确定流程边界，按照流程的颗粒度将财务管理分为不同的级别，再将各个流程进行分层，完成共性业务流程梳理工作，生成相应的数据和流程文档，总结业务流程对系统的功能需求，从而指导系统开发，促进流程落地。

该企业通过财务共享中心建设，建立以质量、工作量、效率和服务为评价标准的绩效评价体系，并围绕效率、成本、质量和满意度构建目标管理体系，从而不断提高财务共享中心的绩效水平。

04 变革3：提升IT财务管理能力

随着大数据、物联网、云计算、人工智能等新一代信息技术的蓬勃发展，各行各业开始推进数字化转型，许多企业面临管理运营方式的革新，亟须通过提升自身的IT能力来推动财务数字化转型。但是由于IT能力的提升不能一蹴而就，所以企业必须确立IT能力与财务职能交替发展战略。

对于企业来说，虽然市面上存在大量关于财务管理的技术和产品，但只有选择符合自身业务发展需求、战略需求和发展阶段的技术和产品，才能切实推进财务数字化转型。在实践中，企业可以采取以下策略，如表14–1所示。

表14–1　企业财务数字化转型的四大策略

策略	具体内容
系统架构规划	以自身的财务业务需求和发展战略为依据，以行业内先进企业的实践经验为参考来设计企业的系统架构，规划财务数字化转型实施方案
系统功能建设	根据财务应用系统的现状、财务管理需求和财务业务，不断对系统进行升级优化，提高财务工作的智慧化程度
系统全面集成	集成所有财务系统，提高财务部门的运营管理能力，打造财务系统群，打破数据壁垒，实现交易数据共享，提高业务效率，利用数字化工具推进业财一体化
智能数字建设	利用大数据、云计算、机器学习和财务机器人等新兴技术解决企业核心业务存在的问题，满足业务发展需求。具体来说，企业可以用财务机器人代替人完成重复、烦琐的工作，利用大数据建模快速精准地分析财务业务数据，利用可视化工具为管理决策提供支撑

— 第15章 —

财务共享：智能财务平台实施路径

01 商业智能驱动的共享财务模式

在数据成为价值创造的关键要素的时代，企业的智能财务建设离不开实时、准确的海量数据的支撑。因此，企业应当借助大数据、云计算等技术深入挖掘数据的价值，这就需要企业加强数据管理基础平台建设，实现运营标准化、流程自动化。同时，企业财务人员应当加强对智能财务知识的学习，提高数字化能力，转变思维模式，为智能财务建设贡献力量。

商业智能为智能财务提供技术支持

商业智能技术能够利用数据展现、数据挖掘等技术对数据进行分析，实现数据的商业价值；可以为智能财务的发展提供技术支持，其中图像识别技术与语音识别技术在智能财务领域具有广阔的应用前景。

（1）图像识别技术。图像识别技术能够借助智能传感器对各种需要进行信息采集的图像进行扫描，快速准确地捕捉图像蕴含的信息，然后利用数据校验系统对信息进行审核与校验，提升获取数据的准确性。图像识别技术能够实现从图像到数据的自动化转变，弥补传统视觉采集技术的缺陷。在财务领域，图像识别技术能够自动、准确地识别各类商业票据。近几年，随着电子发票逐渐取代纸质发票，图像识别技术迎来了前所未有的发展机遇，极大地提高了信息采集效率。

（2）语音识别技术。语音识别技术能够利用传感器采集人类语音，并借助机器学习技术实现从语音到数据的转变，解决语音采集问题。机器学习是语音识别的核心技术，该技术的成熟度一定程度上决定了语音识别技术的发展程度，而评判语音识别技术发展程度的两个重要指标分别是语音识别系统的容错性与学习性。在现阶段，语音识别技术已经得到广泛推广，能够解决绝大多数语言交流问题，但仍有一定的提升空间，比如发音准确性、对方言识别的准确性等。

共享服务为智能财务打造实施方案

共享服务是指企业各业务部门共享企业运行数据，部门之间实现互联互通，从而实现业务协同，为智能财务的实现提供解决方案。具体来看，共享服务的发展经历了以下五个阶段。

（1）业务财务。企业要打通业务部门与财务部门之间的通道，实现业务与财务融合，并形成业务循环。同时，改变部门划分方法，将部门划分标准从部门职能转变为业务循环，从而有效解决责任、权力、利益归属问题，提高工作人员的责任心，助力企业实现更好的发展。例如，在销售环节，销售员、会计与客服人员会组成一个小型业务循环，如果企业能够清晰划分客户从购买到售后各环节数据的负责人，就能够做好数据追溯，保证数据的准确性。

（2）共享财务。共享财务是一种新型财务管理模式。自动化的业务处理方式与数据共享可以减少财务人员的数量，辅之以业务标准化还能够实现业务的批量化、集中化处理，使业务处理效率与可靠性得以显著提升。共享财务一直追寻标准化，并将其作为核心理念制定规则，优化岗位，致力于提供海量无差别数据，为智能财务的实现奠定良好的数据基础。

（3）管理会计。管理会计能够为企业管理提供最优决策，优化企业的经营管理模式，是理念也是工具，结合共享财务能够为企业运营提供所需的理论、实践工具与实施体系。

（4）战略财务。战略财务可以依据新的企业战略对海量标准化数据进行研究和提炼，将参考性较强的数据筛选出来，指导管理人员完善企业发展战略。从本质上看，战略财务其实是数据挖掘的逆向操作，通常会围绕核心数据采取一系列措施以对企业运营模式与方向进行调整。除此之外，战略财务也会按照标准化流程模拟企业运营过程，以预测最终能否得到核心数据。因此，战略财务也具备较强的预测能力与调整能力。

（5）智能财务。智能财务是基于上述四个阶段的智能化升级，是共享服务的高级阶段。智能财务能够通过多层数据重构，统一多源异构的海量财务数据，并借助大数据、云计算等技术实现数据价值的深入挖掘和深层次应用，全面提升企业运营流程的智能化水平。基于思维逻辑、决策分析等功能，智能财务能够自动判断数据环境，并以其为依据智能选取既定模型，自动实现方案重构。在机器学习技术的支持下，智能财务能够将工作中产生的数据与决策过程全面记录下来，不断地积累数据，对数据进行分析和学习，培养和提升对于特殊事件的处理能力。

02 财务共享服务中心的流程设计

在人工智能、大数据、云计算等新一代信息技术的推动及国家政策的支持下，越来越多的企业开始探索财务共享服务中心的建设方案，为财务数字化转型赋能。

作为一种分布式管理模式，财务共享模式以信息技术为支撑，以处理企业往来账款、费用核算、资金结算等各种财务业务为基础，创建财务共享服务信息化平台，致力于为企业内部和外部客户提供高效、统一、便捷的财务服务，进而达到提升整个企业运行效率的目的。

作为财务转型的首要任务，财务共享是对传统财务活动流程的重构，具体要做好以下四点。

转变管理理念

财务共享服务中心建设的基础是财务管理理念的转变。财务共享模式不仅是对财务业务流程的简单重构，更是财务管理观念和理念的一次重大变革。与传统财务管理模式不同的是，财务共享模式推动财务人员原有的工作模式和管理模式实现创新和升级。

企业为打造统一、高效的财务共享服务中心，首先应当改变财务管理理念；其次要对财务和业务人员进行培训，让他们深刻理解财务共享模式；最后对财务共享服务中心建设的每个阶段和全过程进行实时管控，并有针对性地制定解决方案。

明确共享定位

作为财务共享服务中心建设的主要目标和行动方向，战略定位是财务共享服务中心需要重点思考的内容。

（1）企业要从战略高度出发，明确财务共享服务中心的战略目标。需要注意的是，财务共享服务中心建设所处的阶段不同，战略目标也不同。

（2）企业基于自身组织架构、经营情况、信息化程度等内容，确立财务共享服务中心建设的战略架构。

（3）企业要深化专业化分工，打造财务与经营管理体系，明确划分财务共享服务中心的战略职能。其中，财务与经营管理体系主要表现在三个方面：战略财务作用于集团层面，具备控制和管理职能；业务财务参与支持各业务单元的相关工作；共享财务发挥核算职能，是战略财务和业务财务的数据提供方，承担整合、释放财务核心能力的工作。

（4）在财务职能的专业化分工下，操作和管理工作相互分离，有效提升了财务人员的价值创造能力，推动财务职能顺利实现数字化转型。

切分业务范围

财务共享服务中心作为一种新型的财务管理模式，其业务运营离不开一套统一的业务流程体系作为支撑。

首先是业务范围的切分。企业业务范围一般包括两种：一是当地开展的业务，二是纳入财务共享服务中心的业务。企业可以依据实际情况，基于地域限制、可标准化程度等原则对两种业务范围进行切分。具体切分方式是：适合纳入财务共享服务中心的是地域限制较低、可标准化程度较高的业务；适合在当地开展的则是需要现场协作、带有个性化流程的业务。

其次是业务流程的梳理。统一标准的业务流程是财务共享服务中心进行会计核算的重要保障。为提高财务共享效率，财务共享服务中心应当对业务流程进行重塑，基于统一的标准，解决业务操作流程不一致的问题，构建科学、高效的业务流程体系，不断提升工作效率和服务水平。

构建共享平台

财务共享服务体系架构需要财务共享服务信息化平台支撑运行。具体来看，财务共享服务信息化平台能够推动企业管理模式由分散走向集中，这主要得益于财务数据在信息化平台上的集中分析和全面共享。

财务共享服务信息化平台的建设离不开人工智能、大数据、云计算等新一代信息技术的支持。为提高财务处理的质量和效率，强化财务决策分析能力，企业要合理利用新一代信息技术，充分利用财务共享服务信息化平台，提高财务制度、政策和流程的运作水平，打通企业与员工、供应商和客户之间的合作关系，实现内外部供应链的互联互通，多措并举为企业的提质增效助力。

03 财务共享服务中心的构建步骤

可以将财务共享服务中心建设看作财务领域的一场重大变革，而变革总会伴随风险。为了规避风险，维护企业的稳定发展，财务共享服务中心建设必须有序推进。具体来看，财务共享服务中心建设可以分三步进行。

统一财务基础工作

财务共享服务中心建设首先要统一财务基础工作，具体来看就是要统一资金管理、会计核算和财务制度，具体内容如表15–1所示。

表15–1 统一财务基础工作的三大内容

三大内容	具体操作
统一资金管理	财务共享服务中心要对企业所有的资金进行集中管理与统一调配，防止出现部门或子公司私自挪用资金的行为
统一会计核算	财务共享服务中心要按照统一的业务模式对企业内部的核算规则进行规范，确保企业使用统一的会计核算准则
统一财务制度	财务共享服务中心要制定统一的财务制度，对各个财务岗位的分工、操作流程、审批权限等作出统一规范

通过上述“三个统一”对企业的财务工作进行整合，可以为财务信息系统建设以及财务服务共享奠定坚实的基础。

财务信息系统建设

在财务共享服务中心模式下，财务人员的服务对象要跨越地域，面向整个集团，不再只为单个核算主体服务。因此，企业要加强财务信息系统建设，为用户提供高效、完善的财务服务。财务信息系统与传统的会计电算化系统不同，该系统不仅可以对数据进行集中处理，而且可以开展网络化操作，促使财务数据在企业内部实现共享，为企业运营提供更多高质量的数据。

财务信息系统的运行效率较高，与业务结合比较紧密，而且可以根据企业管理要求的变化实现优化升级。因此，在财务共享服务中心建设过程中，企业要积极引入财务信息系统。具体来看，财务信息系统建设可以带来三大好处，如表15–2所示。

表15–2　财务信息系统建设的三大优点

优点	具体内容
固化流程	财务信息系统可以将一些财务管理流程固化下来，降低人员操控难度
标准化数据	财务信息系统拥有强大的数据处理能力，可以收集各部门的财务信息，并将其以统一的标准记录在一个统一的数据库内进行统一管理
业务、财务一体化	财务信息系统借助计算机的“事件驱动”理念设计财务管理流程，建立基于业务事件驱动的财务一体化信息处理流程，对财务数据与业务数据进行集成管理，实现财务数据共享，将会计的控制功能充分发挥出来

财务服务共享阶段

在财务服务共享阶段，企业要做好三项工作。

（1）明确共享服务界面。企业首先要对各项财务工作进行梳理，明确财务数据的共享范围，将适合采用共享方式进行处理的工作剥离出来，如日常报销、审核、编制财务报表、会计处理等，将其统一到财务共享服务中心进行集中处理；其次对企业的财务组织架构进行重构，将分散的财务人员组织到一起；最后对财务管理流程进行重构，按照流程节点重新划分工作岗位，并对各岗位的员工配置、工作流程、主要职能等进行梳理，将财务核算流程打造成一条高效的数据处理流水线，切实提高数据处理效率。

（2）企业要对财务服务功能进行拓展，向上为企业决策提供数据支持，向下为财务人员提供培训、咨询、分析等增值服务。

（3）财务共享服务中心为业务部门提供服务，并按照“按件付费”的形式获取一定的报酬，使各项成本支出拥有一个具体的参照标准，形成一套客观、科学的绩效考核方式，从企业的成本中心转变为企业的利润中心。

此外，企业的财务共享中心建设不仅需要引入新技术，还要革新思想。在财务共享中心建设过程中，管理者要积极参与，投入各类资源，灵活运用各种科学方法论。如果企业正在准备创建财务共享中心，不仅要加深对财务共享模式的认知，还要关注以下六点，如表15-3所示。

表15-3 企业创建财务共享中心的几个注意事项

序号	具体内容
1	企业要明确财务共享模式的适用范围，判断自己是否适合建设财务共享中心
2	企业要根据自身的实际情况选择财务共享中心建设模式，即自建还是外包。在某些情况下，外包比自建效果更好
3	企业要认识到财务共享中心建设是企业再造的过程，涉及组织再造、流程再造、系统再造、文化再造，需要进行深入改革
4	企业要围绕财务共享中心建设制定科学的建设方案，明确建设目标、建设原则、建设路径、资源需求以及未来的发展路径
5	因为不同技术架构的适用范围不同，不同服务商所擅长的领域也不同，所以企业要根据自己的实际情况选择合适的技术架构与服务商
6	企业要组建一支专业的运营队伍，对财务共享中心未来的运营做好规划，明确管理责任与绩效指标，切实保证服务质量

04　财务共享平台的深度运营策略

目前，许多大型企业构建的财务共享服务中心已经运营至成熟阶段，对激发企业财务的潜在价值，实现财务的数字化转型具有重要的推动意义。

优化业务流程

科学化、标准化的业务流程是财务共享服务中心实现高效运作的基础，因此，财务共享服务中心应当利用各种技术手段对业务流程进行优化、再造，以打造精准、高效的业务流程体系。

财务共享服务中心在优化业务流程的过程中需要注意以下四点：

- 以客户需求为出发点；
- 以价值创造为本，剔除业务流程中的非增值环节；
- 打通流程、组织和绩效，实现与战略、业务模式的双向融合；
- 充分利用信息系统。

深化运营管理

运营管理的持续深化为企业带来了新的发展机遇，因此，企业要基于现代化的智能技术，将财务管理的各要素与财务共享服务中心深度融合，打造全新的财务共享服务中心运营管理体系，并从企业的实际情况出发开展财务共享服务管理活动，加强服务管理、流程管理和绩效管理，切实满足财务管理需求。

财务共享服务中心运营管理体系在构建过程中应当注意以下四点：在目标管理方面，企业要借助各种智能化技术提高会计核算的标准化程度；在绩效管理方面，企业要重点关注人员绩效和组织绩效；在对外客户方面，企业要着重强化信用管理和服务管理；在信息系统方面，企业要加强运维管理和数据管理。

需要注意的是，在深化运营管理阶段，企业应当基于财务共享服务中心发展的各个阶段制定总体目标和具体的实施策略，这样才能在激烈的竞争环境中实现可持续发展。

强化人工智能的应用

随着新一代信息技术的发展与推动，企业财务管理迎来了新一轮转型和变革，其中最具代表性的是人工智能技术在企业财务管理领域中的深度应用，从而促使财务共享服务成为企业财务管理智能化转型的突破口。

未来，人工智能在企业财务管理领域的应用价值将越来越明显。为打造高效、标准的财务管理流程，企业应当强化对人工智能的应用，结合大数据分析、智能预警、虚拟展示等新兴技术和模糊数学、数量经济学等工具，不断提高智能财务共享中心的运营管理水平，实现财务预测、控制、分析和决策的整体化运作，为企业财务优化决策提供坚实的技术支撑。

实现财务数字化转型

作为企业的核心部门之一，财务部门掌握着海量的核心数据。在深化运营阶段，财务共享服务中心将从内部小数据中心升级为外部大数据中心，为财务数字化转型赋能。

财务数字化转型离不开数字技术的支持。企业可以基于数字技术，借助各种理念和工具，对所有数据进行挖掘、加工和管理，并以可视化的方式将数据分析结果展示出来，以数据驱动财务管理完成数字化转型。

在数字化时代，企业要想构建一套全面、系统的经营管理模式，必须充分利用大数据、人工智能等新一代信息技术，加大对企业内外部数据的挖掘力度，让大数据发挥出最大价值。同时充分发挥财务共享服务中心的作用，对企业经营过程中产生的各种数据进行分析，提升企业财务管理水平和效率，为企业发展注入活力。

对于财务共享服务中心来说，信息整合是关键，因为它关系着财务共享服务中心能否成为企业的大数据中心，进而影响着企业能否进行高效、精准的风险预警和决策分析。

随着我国经济发展水平的不断提升，财务共享服务中心建设快速推进，其在企业财务管理中发挥的作用越来越明显。企业应当基于大数据时代背景，充分利用新一代信息技术，将财务共享作为重要驱动力量，集中处理财务报表，整合各种财务数据，推动企业的财务职能转型升级。

未来，财务共享服务中心在企业应用中的优势将更加凸显，将发展成为大数据中台，促使运营管理更加深化，推动业务与财务不断融合，推动企业实现精准化经营决策，赋能企业数字化转型。

— 第16章 —
企业数字化财务的标准化体系建设

01 制度标准化：数字化财务的顶层设计

目前，数字化、自动化、智能化已经成为社会发展的必然趋势，尤其是在财务管理领域，许多企业积极应用大数据、区块链、人工智能等新兴技术，不断加快推动财务管理数字化转型步伐。

财务标准化就是借助规范的财务管理体系，统一企业的财务管理工作。进入数字化时代，企业的财务管理要顺应时代发展要求。在此形势下，部分企业提出财务标准化也要适应数字化发展，并归纳了利用数字化技术推动企业财务高质量发展的方法。

正确的顶层设计有助于企业实现数字化转型，而标准化对顶层设计来说至关重要。在企业数字化转型的顶层设计中，标准化指的是制度、数据、应用和迭代的标准化。

制度是企业规范工作行为和活动的准则，如果企业没有明确、合理的财务管理制度，就很难推进财务标准化和财务信息化，无法形成良好的管理闭环。制度标准化是企业在数字化转型过程中推进各项工作的基础，企业制度标准化工作的完成情况能够直接影响其他各项工作的实施。

规则导向型制度

规则导向型制度是一种细致、复杂、明确的执行标准，能够压缩实际执行过程中的判断空间，例如，企业在数字化转型之初的报销制度，由于企业的数字化转型刚刚起步，财务核算制度还不成熟，在报销时需要在线下完成填单、签字、传递等一系列操作。因此，这时的报销制度主要用于确保报销业务的合理性，明确报销单的填写方式、签字顺序、原始凭证粘贴单的样表设计、单据粘贴要求等内容。

需求导向型制度

随着财务工作的数字化转型持续推进，网报系统等各种先进技术和应用逐渐被用于财务管理。在这种情况下，企业财务管理部门要及时革新财务制度，将原本需要在线下完成的各项财务工作逐步转移到线上，打造线上填单、审批、记账一体化流程，在线上报销流程中固化各项制度。

在制度层面，企业要进一步优化员工报销信用制度，提高财务核算精度和费用报销效率。例如，企业可以采用员工信用等级报销模式，完善费用报销制度和实施细则，设立不同的信用等级，在报销审核环节对信用等级不同的员工采取不同的审核方式。

企业在推进财务数字化转型的同时，也要根据原始凭证管理、电子档案普及和审计制度革新等情况重新对财务制度进行调整，实现新制度、新理念、新技术的协同配合，提高企业的管理水平。

服务导向型制度

随着财务管理的数字化转型不断推进，企业可以通过构建财务共享系统自由配置和部署所有的报销监控点，此时报销业务会逐渐发展成为一种服务。

当财务管理中的报销环节呈现出服务属性，企业的财务制度也要具备对共享服务的质量和效率进行考核的作用。因此，企业要制定标准化的财务管理制度，这不仅要求企业决策层对时代变化有敏锐的感知，也需要加快转变基层财务工作者的管理职能，为企业构建数字化系统提供支撑。数字化系统可以用于规范财务管理工作，提高财务管理的标准化水平。

02 数据标准化：实现数据价值的基础

数据标准化是企业推进财务管理数字化的基础。企业必须对主数据进行充分开发与应用才能最大限度地发挥数字化转型的作用，利用自身掌握的生产数据和经营数据为后续工作服务。

基础数据标准化

在初步推进数字化转型阶段，企业各个业务系统间的数据不存在任何联系。因此，企业财务管理应该率先明确科目体系、核算维度、会计科目核算主数据等财务基础数据，并对当前的数据是否能够支撑企业进行财务分析、战略发展和业务推进等作出精准判断。

主数据标准化

随着数字化建设持续推进，企业开始尝试破除各个系统间的数字壁垒或以更直接的方式全面革新数字化系统。在这个阶段，企业需要通过数据标准化建设打造统一的数据标准，实现主数据管理制度化和财务数据标准化，同时还要转变思维模式，弱化科目余额表的作用，充分利用业务系统处理业务数据。具体来说，企业可以借助往来管理平台排除科目体系中的往来单位，以业务模块控制专项报表，从而深入挖掘专业数据的价值。

数据中台的形成

随着数字化转型进程的不断推进，企业数字化建设不断成熟，在财务管理方面已经能够实现数据映射和数据对接，并利用财务主数据和业务主数据创建业财一体化主数据仓库。

在这个阶段，主数据仓库已经有独立的数据仓库，能够为企业提供数据中台服务，接入主数据仓库的应用系统都要与主数据对接，而经过沉淀的企业主数据可以通过信用评级和统一准入申请管理等方式，深入挖掘数据价值。

企业在推进财务管理各环节主数据标准化的过程中，要根据相关政策做好长期的主数据管理与规划，确保主数据完整与准确，并设立统一的数据准入标准。

03 应用标准化：数据驱动的业财融合

企业应用标准化是基于制度标准化和数据标准化的财务数字化转型的重要环节。

不可避免的“孤岛”阶段

在应用标准化建设起步阶段，企业搭建的系统往往是单一的专项系统，如核算系统、人资系统、供应链系统等，这些系统之间缺乏联系，应用服务也各不相同，因此，不同的系统之间形成了严重的数据壁垒。而相互独立的专项系统正好符合企业在初步进行应用标准化建设环节对管理的要求，能够分别解决各自业务领域出现的管理问题。

集中部署的一体化阶段

随着企业中相互独立的专项系统越来越多，企业决策层找到了各个系统业务逻辑之间的关联关系和数据递延关系。在这一时期，企业开始借助企业资源计划系统对预算、核算、采购、存货、合同、项目等多种应用进行集中部署。

深度业财融合的数字化阶段

业财融合就是将业务发展与财务管理结合。通过业财融合，企业能够获得发展智能财务的基础数据。业务数据通常伴随业务运行过程而产生，具有很强的及时性。业财融合首先要获取并整合业务运营过程中产生的数据，然后创建审核模型对这些数据进行审核与校验，保证业务数据的可靠性。一般来说，业务数据通常具有粗放性的特点。

在确保业务数据准确无误后，业财融合需要将这些数据通过标准化的接口传输至财务系统标准化的业务模板中，然后这些数据会自动生成更加严谨、更加规范且人工无权修改的财务数据，这些业务数据和财务数据就构成了智能财务赖以发展的基础数据。

业财融合将业务数据传输至财务系统后，如果业务结果存在错误，通常不会直接在财务系统内改正，而是返回业务系统进行修正，这样做能够实现对业务系统的二次审核，提升业务结果的准确性。在这种情况下，回退率就成为考核业务部门绩效的一项重要内容。在完成基础数据的审核与校验之后，企业便可以进行下一步的数据加工与重构工作。

业财融合可以打破各个领域之间的数据壁垒。随着业财融合进入深度数字化阶段，企业会逐渐发现ERP系统的缺陷，并采用以下手段来弥补ERP系统的不足，如表16–1所示。

表16–1 企业弥补ERP系统缺陷的三大措施

序号	具体措施
1	利用AI、RPA机器人等自动化技术，提高应用标准化的价值创造能力
2	利用大数据分析工具和数据中台，提高所有系统应用在提取数据、查询数据和分析数据时的效率、直观性和快捷性
3	搭建以新技术框架为前台，以ERP为后台的操作界面，创建一个体验感较好、操作较便捷的友好型界面

在推进制度标准化、数据标准化和应用标准化的过程中，企业决策者要根据各个转型阶段的特点、复杂度和发展规律，分别制定科学合理的转型目标，确保转型计划稳步实施。由于各个部门独立制定转型战略会因为考虑不周导致制定的战略不完善、不合理，因此，企业在推进财务数字化的过程中必须制定合理的迭代策略。

第六部分

数字化品牌

— 第17章 —

爆品法则：数字化时代的产品运营

01　细分市场：发现新的利润区

在数字化时代，企业对目标市场的选择尤为重要。能否选到合适的细分市场，不仅直接关系着后续营销策略的制定是否合理，也在很大程度上决定了后续的运营策略能否成功。

目标市场的选择，首先取决于当前的市场大环境。通常来说，选择具有良好市场前景的细分市场更容易成功。因为这样的细分市场往往比较容易获得政策支持，而且潜在消费者比较多；但同时，热度更高的细分市场往往竞争也更加激烈，如果企业不能提供优质的产品或服务就可能快速被市场淘汰。

此外，企业在选择目标市场时还需要结合自身资源等情况进行综合分析。有些细分市场虽然发展前景良好、具有比较高的吸引力，但如果企业缺乏必要的资源或能力，切不可轻易进入。

那么，对于创业者来说，应该如何选择细分市场、进行精准定位呢？在选定创业方向后，应该如何以市场为指导在激烈的市场竞争中取胜呢？

发现市场机会

在创业之初，创业者首先应该发现以及发掘市场机会。对市场的细分和发掘一方面能够帮助创业者准确了解消费者的需求以及需求的满足情况，便于规避风险、进行精准定位；另一方面能够帮助创业者清楚掌握相关市场的竞争状况，分析各主要竞争对手的优势及其市场占有率。

基于对消费者及其竞争对手的分析和把握，创业者可以更准确地发现潜在的市场机会、发挥自己的竞争优势。在具体实践中，创业者需要综合考虑很多因素，如表17–1所示。

表17–1　创业者需要考虑的三大因素

因素	具体内容
对自身定位的分析	一切与创业相关的活动都应该基于创业者对自身定位的分析和把握，尤其是对所拥有的资源和能力与目标市场的关联性的把握，避免盲目照搬照抄其他企业
对消费对象的细分	对消费对象的了解和把握直接决定了企业提供的产品和服务是否具有市场，因此对消费对象的细分意义重大。创业者可以从年龄、性别、收入、阶层等可能影响消费决策的方面入手，对消费对象进行细分
对价值取向的细分	对价值取向的细分主要是指对消费者的心理进行分析，了解影响消费者购物行为的心理因素和价值取向，并进行细分，进而指导创业方向

创业者在对影响目标市场选择的多个因素进行分析后，还要对相关市场进行更深入的考察。例如，已经细分的市场是否有必要进一步细分，以发现新的具有潜力的目标市场。

就市场规律而言，从发现市场机会到新产品进入市场往往需要一定的时间，如果创业者可以及早发现新的市场机会，就可能获得领先优势，更容易取得创业的成功。

确定目标市场

企业要打造一款爆品，首先应该确定目标市场。具体来看，确定目标市场包括两层含义，如表17–2所示。

表17–2　确定目标市场的两层含义

含义	具体内容
挖掘用户需求，发现需求痛点	用户需求具有多层次的特点，可以采用不同的方式进行挖掘，例如，通过问卷调查或数据分析等方式发现用户的需求痛点
细分用户，明确目标用户群体	即使是爆品，也无法覆盖所有消费群体，因此细分用户有助于确定目标市场

在对市场进行深入分析、发现拥有发展潜力的细分市场后，创业者可以确定目标市场。目标市场是企业开展一切经营活动的基础，目标市场的选择是否合理直接决定创业者的创业活动能否顺利开展。对市场的定位直接决定了产品主要的营销平台和竞争对手，合理的市场定位能够增强用户对产品的印象，让用户和产品建立强关联。

例如，凉茶品牌王老吉最初选择的是全渠道销售，但效果并不理想。经过对产品以及市场的分析后，王老吉聚焦于餐饮渠道，不仅迅速占领了市场，更加强了用户对王老吉凉茶定位的认知。

02　打造卖点：提炼爆品的“基因”

从严格意义上讲，爆品不是风靡一时的爆款产品，而是与品牌共同成长能够源源不断地给企业带来利益的产品，是企业价值忠实的捍卫者。

找基因

很多人认为，爆品需要从外部引进，找到火爆的品类，进入竞争激烈的赛道。事实上，这种做法恰恰违背了品牌的内核。爆品打造的第一步应该是明确爆品的定位，这个过程源于团队的自我认知，而不是外部的学习与借鉴。如果爆品不是从内部打造的，企业就很难凭借爆品形成差异化竞争优势。

因此，企业在打造爆品之前，要利用门店内外调研分析、销售数据分析、提及率分析、差评率分析、推荐排名分析和百度指数分析六大工具对品牌进行深入分析，检验自己的产品是否具备成为爆品的内在潜力基因。如果品牌没有潜力基因，就要综合运用上述六种工具找到一个能够被塑造的爆品。

挖卖点

明确产品定位之后，第二步就是对产品进行包装，挖掘产品卖点。

很多人认为包装产品、卖点文案策划应该交由专业人士负责，但其实产品真正的卖点不是第三方包装出来的，而是顾客对其的认知与体验。产品运营人员必须明确一点，寻找卖点不是编故事，而是立足消费者，用消费者能够理解的语言将产品的功能、特色表述出来。卖点介绍越简单，越接近现实生活，越容易被消费者接受。

卖点包装有一个实用的工具，就是常识。虽然简单，但很多人不知道如何使用。举个例子，一些顾客认为某家餐馆的菜非常好吃，经常带朋友前来消费。如果让顾客详细谈谈菜究竟好吃在哪里，他们可能说不出所以然，其实追根究底还是因为这家餐馆的菜物有所值，或者物超所值。

相较于“好吃”，物有所值或者物超所值更容易理解。例如，一家火锅店如何打造爆品呢？常用的方法无非强调肉的产地、肉的品质、肉的分级等，这些都是非常专业的知识。如果围绕这些进行产品包装很难引起消费者的共鸣，因为对于消费者来说，他们更看重味道与价值，这里的价值指的就是物超所值。如“分量足，吃起来很过瘾”“人均不足100元就可以吃得很好”等。

基于消费者的这些心理，火锅店可以推出一些物超所值的产品，例如“巴掌大肥牛”，与传统的片状肥牛区别开，方便消费者直接对比，从而产生物超所值的感觉。为了突出这一特色，火锅店可以为这款产品设计一个口号，如“进店必选”“爆品推荐”等，增加这款产品的下单率。

总而言之，产品包装、卖点打造必须立足消费者的感知，从物超所值的角度倒推产品的卖点，然后对产品进行包装。

卖故事

明确卖点之后，下一步就是“卖故事”。很多企业在编故事时都追求历史悠远、文字华丽，导致员工记忆困难，无法流畅地向消费者转述。因此，品牌故事、产品故事都应该力求精简、容易记忆。其实，品牌故事的编写有四个关键点，分别是关键人、产品名称、超预期的事件、品牌精神。

随着“90后”“00后”等新一代消费群体崛起，他们的消费理念与文化结构发生了较大改变，相较于产品的性价比，他们更关注产品本身的价值。在这种情况下，品牌价值的人格化就成了编写品牌故事的关键。

03 爆品运营：让产品迅速引爆市场

在消费品市场，近几十年来涌现出大量爆品。单以饮料品牌为例，健力宝、高乐高、美汁源等都曾是爆品。随着移动互联网时代的到来，主流消费者的消费观念发生了比较大的变化。品牌要想脱颖而出，在激烈的市场竞争中获得明显优势，就应该探索爆品的成长路径，努力打造出属于自己的爆品。

近几年来，越来越多的传统品牌和新消费品牌开始聚焦爆品的打造，这主要是由于一款爆品往往能为品牌带来巨大的竞争优势。例如，元气森林凭借无糖气泡水产品，成立仅四年估值就超过了140亿元；三顿半通过创新速溶咖啡技术，成为2020年天猫“618大促”两个品类的销量冠军；自嗨锅以“自热火锅界真正的火锅”为核心理念，迅速捕获了年轻消费者，成立三年就已经完成C轮融资。诸如此类的案例不胜枚举，爆品在占领市场的过程中，也带动了整个品牌崛起。

找准需求痛点

通常情况下，一款产品能够涵盖的用户群体比较固定，品牌要打造一款爆品，首先应该精准定位自己的目标用户，如追求个性化的年轻群体等。而从另一个层面来看，一款产品之所以能够引爆市场往往是由于找准了用户的需求痛点，在一定程度上填补了市场空白。

以元气森林为例，一直以来饮料市场都比较关注产品的口味，而随着年轻消费群体对健康的重视，饮料的成分和热量成为消费者挑选饮料时的关注点。元气森林定位于年轻群体，主打健康饮料的概念，推出碳酸饮料、茶饮料、果汁饮料三条产品线，满足了年轻人对健康的需求，因此成为饮料市场的爆品。

打造高品质的产品

移动互联网及相关技术的发展，不仅改变了信息传递方式，也为“爆品”的诞生培育了极佳的土壤。由于极具优势的市场份额和良好的用户口碑，爆品展现出强大的竞争力，因而使得更多的品牌愿意投入资金与精力挖掘用户痛点、打造爆品。

产品的品质是其能够获得竞争优势的基础，企业要做好产品可以从以下三个方面入手，如表17–3所示。

表17–3　企业打造高品质产品的三大策略

策略	具体内容
挖掘已有品类的核心价值	对很多品类而言，即使产品众多，能够体现核心价值的产品却可能寥寥无几。如果一款产品能够完美展现其品类的核心价值，那么就有可能成为爆品
创造新的产品品类价值	即使各个产品领域现有的产品品类众多，但仍有可能挖掘出新的产品品类。如果某个产品品类能够直击用户的需求痛点，就有可能成为爆品
打造商品的“语言钉”和“视觉锤”	所谓“语言钉”就是以语言形式表达出来的品牌定位和卖点；而“视觉锤”就是品牌形象的视觉力量。优秀的“语言钉”和“视觉锤”能够使产品更快、更好地打入用户心里

掌握营销策略，瞄准空白市场

对产品类目进行细分，并聚焦于垂直赛道，是打造爆款的一个关键措施。在后续的营销方面，企业可以挖掘其他爆品的营销策略进行借鉴，如其在何种渠道进行推广，如何利用营销资源等。

就传统单一品类的市场来看，产品的价格差异往往不大，因此企业可以通过价值优势在市场竞争中脱颖而出。而制定差异化的价格，实际上就是瞄准了一片空白市场，但需要注意的是，价格的制定不能任意为之，需要与产品和服务挂钩。

线上线下渠道融合，快速引爆市场

移动互联网的发展使自媒体成为营销的主要渠道之一，如微博、抖音、小红书等聚集了一批带货博主。而直播电商的流行也改变了传统电商中“人、货、场”的配置，这些都表明线上营销对品牌的发展至关重要。要打造出一款爆品，企业需要实现线上渠道与线下渠道的深度融合。

新消费品牌要想打造爆品，从市场竞争中脱颖而出，不仅要适应时代的发展趋势，更应该立足产品自身，在提升产品品质的同时，积极拓展营销渠道，与用户建立强关联。从产品到爆品的关键就在于引爆市场，而要快速引爆市场需要把握以下三个关键点，如表17-4所示。

表17-4　快速引爆市场的三大关键策略

策略	具体内容
选择合适的KOL	KOL（Key Opinion Leader，关键意见领袖）的选择应该基于目标用户和市场定位，例如化妆品可以选择美妆博主进行传播。只有选择合适的KOL，才能够吸引潜在的目标用户
把握引爆时机	由于产品性质以及市场情况不同，产品的引爆需要把握合适的时机
逐层引爆市场	爆品的诞生需要一个积累的过程，只有逐层引爆才能实现由量变到质变

04 蜕变之路：从爆品到品牌的转变

在流量为王的时代，为了吸引流量，提高销量，品牌各出奇招，打造爆款产品，开展秒杀活动，邀请红人直播带货等。剥离这些噱头与话题，所谓的爆款还能火爆多久？品牌在自媒体的道路上还要走多远呢？

从爆品到品牌：品牌自媒体化道路有多远？

目前市面上的爆款产品浮浮沉沉，星巴克的“猫爪杯”想必让很多人记忆犹新。2019年，星巴克发售一款“猫爪”咖啡杯，引得无数年轻人争相抢购，场面非常火爆。2020年，在“猫爪杯”的基础上，星巴克又推出了一款猫咪屁屁造型的“猫尾杯”，本想延续“猫爪杯”的热度，却没有掀起太大浪花。对于星巴克这个自带影响力的品牌来说，“猫尾杯”的营销失利不会造成太大影响。但从营销角度看，这个传统的咖啡品牌在品牌自媒体化道路上的策略值得思考。

对于星巴克这种成熟的品牌来说，如果能打造一款爆品，自然是锦上添花。如果不能，这样一个失败的营销事件也无足轻重，不会对品牌造成太大影响。但对于电商或直播领域的自媒体来说，爆品意味着更多的流量与交易，意味着可以最大程度实现价值变现。然而人们将大部分注意力都放到了流量、变现方面，只有少数人会关注未来的品牌价值。

很多新崛起的网红品牌紧抓年轻消费群体的需求，这些品牌生于互联网时代，对于互联网时代的各种营销策略驾轻就熟，借助自媒体独有的特质与行业红利迅速提升知名度，攫取最大化的利益，例如李佳琦与花西子。这些品牌借助头部主播与自媒体人的流量优势，在极短的时间内提高自身的影响力，打造了新一代爆款产品。至于产品未来的品牌化，则有待时间来检验。

多元化的互联网环境打造了多种多样的爆品，但是爆品带来的流量与价值大多是暂时的，爆品能否发展壮大成为品牌，帮助品牌在自媒体化的道路上越走越远，还需要进行更多尝试。但从目前的情况看，无论外部环境如何变化，爆品与品牌都不能等同，从爆品到品牌还有很长的路要走。

爆品与品牌的差异：不同需求下的自媒体化之路

爆品市场的迭代速度之快超乎想象，曾经红极一时的爆品早已退出舞台，新晋爆品的热度能够维持多久没有人能够预测。对于品牌来说，如何利用爆品在自媒体化的道路上走得更远，是目前亟待解决的问题。

其实，爆品是企业为了满足消费者需求打造的快速消费品，是特定时期、特定发展阶段的产物，主要源于消费者的需求，可以满足消费者浅层次的需求，以最快的速度与消费者建立某种关系。由此可见，相较于品牌，爆品比较初级。因为品牌的成长过程非常复杂，需要经过一段时间的成长，经过市场检验，而爆品大多是在短时间内形成的。

因此，企业想要借助爆品打造品牌，还需要在自媒体化的道路上付出更多努力。以格力为例，在直播电商的风口下，格力开启全国巡回直播，在洛阳站的销售额达到了101亿元，“格力董明珠店”也首次在线下亮相。随着社会不断发展，营销方式不断迭代，即便像格力这种实力雄厚的民族品牌也要积极拥抱变化，与当下流行的直播电商对接，才能在自媒体化的道路上取得阶段性的胜利。

自媒体为爆品打造创造了一个良好的环境，也为品牌的自媒体化提供了多种可能。在人人都是自媒体的时代，爆品随时都有可能出现。自媒体人可以通过创作优质的内容，满足消费者碎片化的阅读需求，不断加深消费者对品牌的了解。

相较于诞生于自媒体时代的爆品品牌，传统品牌在自媒体化转型方面的步伐要慢很多。因为无论调整产品策略、转变营销理念，还是推动品牌战略升级，都不是一朝一夕就能完成的事情。即便传统品牌打造出爆品，也很难通过自媒体化为品牌升级助力。对于传统品牌来说，自媒体化、打造品牌只是对传统营销手段的补充，只是推动品牌成长的一种方式。

从用户的角度看，他们通过爆品与品牌获得的是不同的价值认知与品牌体验。购买爆品，用户获得的是一种调剂，是一种瞬间需求得到满足的体验，是一种短暂的情感刺激；消费品牌，用户体验的是一种情感链接，是一种长久的信任关系。例如星巴克，无论成功成为爆品的“猫爪杯”，还是没能成为爆品的“猫尾杯”，消费者都不是那么在乎。即便没有这些产品，消费者对星巴克的感情犹在。

05　长效机制：实现“爆品品牌化”

新媒体时代涌现出很多自媒体平台，包括综合类自媒体与垂直类自媒体，为企业打造爆品提供了很多选择。除此之外，传播形式的多样化也对爆品的打造产生了一定的催化作用。但同时，因为流量过度分散，导致爆品只能红极一时，无法长时间被人关注。再加上，产品迭代更新速度极快，用户需求越发多元化、个性化，在一定程度上提高了爆品向品牌转化的门槛，给品牌的自媒体化带来了一定的挑战。

对于品牌来说，直播、短视频等新兴传播形式只是其在自媒体化过程中的一种传播媒介。爆品想要借助自媒体实现品牌化，不仅需要借助主流的传播形式，而且要灵活利用自媒体。

（1）运营人员想要让爆品成长为品牌，实现品牌的自媒体化有一个很重要的前提，就是对产品的高度了解。爆品想要品牌化，必须有令人满意的质量。在新媒体时代，企业打造爆品追求的往往是价值变现的时效性。

在现实生活中，在自媒体的推动下，爆品市场不断更新，大部分爆品只能红极一时，只有少数爆品能够成长为品牌。那些在品牌化的道路上失败的爆品，固然有战略层面的原因，但更主要的还是产品质量存在缺陷。在虚拟的自媒体环境中，产品是品牌与用户产生直接联系的纽带。无论爆品还是品牌，如果没能带给用户优质的使用体验，自然很快就会被用户抛弃。这里的体验不仅指产品的实用功能，还包括物流运输以及售后服务。在网购场景中，这些早已成为用户体验的重要组成部分。

对于爆品的打造来说，自媒体可以说是一把双刃剑。一方面，自媒体为爆品的打造创造了很多机会；另一方面，自媒体也会放大产品的缺陷，任何微小的瑕疵都会被用户看见。因此，为了借助自媒体推动爆品实现品牌化，运营人员必须充分了解爆品，放大其优点，让品牌在自媒体化的道路上健康发展。

（2）品牌的自媒体化需要从内容层面入手，通过优质的内容引起广泛传播，迅速引爆话题，增进消费者对品牌的认知，增强消费者的信任。在这个过程中，品牌不仅需要优质的内容，还需要精彩的故事。一个产品之所以能够在自媒体的推动下成为爆品，总是基于某种原因，或者是吸睛的噱头，或者是诱人的利益，或者是虚拟的承诺。如果抛开这些，能够在消费者心目中留下印象的产品应该寥寥无几。因此，在自媒体平台上，品牌不仅要讲好故事，而且必须切中消费者的内在需求，让消费者对品牌的核心价值进行深入思考。

（3）从某种程度上看，品牌的自媒体化就是在与消费者沟通。对于用户来说，爆品就是利用用户的注意力让单个产品的价值实现最大化。在自媒体时代，品牌旨在通过建立与消费者的关联体验增进消费者对品牌的认知，以拓展更多溢价空间，进一步提升品牌价值。

爆品在自媒体的作用下实现品牌化，要展露最能吸引消费者的价值点，同时为消费者营造场景化的体验，提高消费者的心理价值预期。如果条件允许，品牌还可以打造从线上到线下的全链路体验。如果说爆品只是表层的用户关系传递，那么品牌就是深层次用户关系的建立，最终要上升到精神层面，获得用户的信任，提高用户的忠诚度。

总而言之，自媒体不仅能够打造爆品，而且能够对爆品的品牌化产生积极的推动作用。无论爆品还是品牌，都要与不同的用户需求、不同的媒介特质相匹配。对于爆品来说，自媒体是助力其实现品牌化的重要工具。要想有效利用自媒体实现品牌化，运营人员必须深入挖掘爆品与品牌之间的联系，推动品牌在自媒体化的道路上走得更远。

— 第18章 —

口碑塑造："品效合一"的制胜策略

01　修炼内功：输出优质产品与服务

拥有高质量的产品是企业开展口碑营销的基础。企业要注重产品打造，保证自己的产品符合消费者的需求，而且能够为消费者提供完善的服务，使消费者在认可产品的基础上主动将产品介绍给他人，形成口碑营销。

如果顾客对产品不满意，就会散播企业的负面信息，给企业发展带来挑战。如果企业的产品缺乏亮点，则难以形成口碑效应。如果产品存在明显缺陷，则会形成负面口碑，不利于企业形象的树立。而一旦企业形成负面口碑，就会在短时间内大范围扩散，相比正面口碑，负面口碑的传播范围更广，传播速度更快。因此，企业要采取恰当措施应对顾客投诉，避免负面口碑的形成，并通过完善的服务转变消费者的态度，提升企业的信誉度。

所以，企业在开展口碑营销的过程中，应该为消费者提供有效的信息反馈渠道与投诉途径，及时了解消费者在使用产品的过程中发生的问题，据此进行产品调整，让产品更加符合用户需求。

顾客就产品与企业沟通互动的情况包括两种：一种是顾客在进行产品消费或消费结束之后对产品及其相关服务非常满意，会与其他人就这个话题进行互动；另外一种是顾客在体验之后发现产品存在严重的缺陷，对产品或相关服务不满意，也会与其他人进行沟通。

企业要借助积极、正面的口碑才能达到营销目的，所以，企业要从初始环节入手，注重产品设计与打造，让产品满足消费者的期待。与此同时，企业还可以在产品设计环节发挥创意，吸引消费者的目光，促使他们参与到企业传播过程中。

提高产品和服务质量是形成良性口碑的重要基础，如果不能做好这一点，即便实现大范围的传播推广，对企业来说也是弊大于利。

细节对口碑的影响尤为严重，很多时候，人们重视的不是产品本身，而是产品细节，如衣服上的纽扣、拉链，售后服务的电话回访等。细节方面的体验不佳，将直接导致消费者对产品及品牌产生负面印象，更不会参与口碑传播。而且，当人们未能获得良好体验时，基本不会直接向商家反馈，而是会在自己的社交圈中分享，避免亲朋好友重蹈覆辙。

02　KOL 传播：发挥意见领袖的力量

随着市场营销竞争日益白热化，各个企业均面临着诸多有形或无形的营销瓶颈，以往大范围广告推广或大量业务人员直接上门拜访的营销方式，不仅需要耗费大量的人力物力，而且最终的营销效果也会不断下降。

在以消费者为中心的体验经济时代，如果企业能够精准把握消费者心态，通过有效的互动体验吸引用户参与产品营销，让这些用户影响、引导其他用户，那么便可以借助用户间的口碑营销突破营销壁垒，获得更大的营销效益。

口碑营销是消费者与企业共创品牌的营销模式，它充分满足了用户参与互动、心理情感体验等更高层次的价值诉求，同时用户推荐分享的信息比企业推送的产品信息更容易获得其他消费者的认可和信任，可以更好地实现营销目标。因此，口碑营销日益成为众多企业获取和留存用户、实现营销创新升级的重要方式。

在消费升级的大背景下，硬性广告不仅越来越难以吸引消费者的注意，而且用户对商家推送的广告信息也大多持质疑态度。与之相比，大部分用户更愿意相信从亲朋好友口中获得的产品或品牌信息，并以此作出消费选择与决策。

在每一个群体中，总会有一些人比其他人有着更强的影响力和号召力，他们充当着KOL的角色，一言一行都会引起其他成员的效仿和跟随。从口碑营销的角度看，KOL的消费选择与决策会影响其他成员的产品和品牌选择，因此应成为企业客户运营维护的主要对象——当KOL认可了产品和品牌之后，其他群成员出于对KOL的信任会跟随KOL作出同样的消费选择与决策，从而为企业创造更大的口碑营销效益。

KOL是指在人际传播网络中具有中介或过滤作用，扮演信息提供者、转达者等角色的人，他们属于群体中的“活跃分子”，通过输出有价值的信息或评价引导或影响其他成员的言谈举止。

对口碑营销而言，KOL最重要的价值是更容易获得消费者的认同和信任，可以依托自身的影响力和号召力给产品或品牌营销带来投射、联想、放大和倍增强化的功效，即对营销传播效果做乘法而不是加法。

围绕KOL开展口碑营销的做法在营养保健品和美容化妆品行业中比较常见，比较典型的方式是让公司的营业代表或获得专业培训的忠实用户走入社区成为KOL，然后通过培训、活动交流等方式实现产品或品牌的口碑传播。

目前，在包括科技产业在内的众多领域，KOL对口碑营销的重要价值越发凸显。特别是在一些高端市场，KOL能够借助自身建立起的口碑、地位、身份、影响力等影响周边人的消费观念、选择或决策，引导消费者认同、认可和接受某个产品或品牌。因此，很多企业开展业务时，前期都会对核心用户或者大客户进行重点营销，获得这些用户的认可和青睐，然后再通过这些核心客户以点带面地去影响其他客户的产品选择。

网络虚拟世界的匿名性特性更容易引发从众、模仿、跟风行为，因此互联网社区营销的关键是明确核心用户，以他们为核心开展营销活动。这些KOL可能是微博大V、知名自媒体人、社区活跃分子、具有某种专业特长或有很强人际关系能力的人。普通用户大多比较信任KOL，愿意跟随他们的引导、听从他们的建议作出消费选择和决策。

在互联网社群经济时代，很多用户会基于共同的需求、兴趣或背景等聚合起来形成社群。在围绕某个共同话题进行交流沟通的过程中，某些社群成员会脱颖而出获得其他成员的认可和信任，成为意见领袖。从营销传播角度看，这意味着品牌营销如果能影响意见领袖一个人，就等于影响了认可和信任该意见领袖的一群人。

因此，企业在开展口碑营销时，应该首先寻找目标客户群体中的意见领袖并进行重点运营与维护，让他们对产品和品牌产生好感与信任，进而通过意见领袖影响其他客户的消费选择与决策，获得更大的口碑营销效益。

例如，企业围绕电脑产品开展口碑营销时，可以邀请在普通消费者中具有一定影响力的电脑专业人员进行试用体验，然后让他们成为产品信息传播的主体，借助他们的专业性、权威性和影响力增强消费者对产品的认可与信任。

03 引导分享：激发用户的主动传播

企业在开展口碑营销的过程中，需要把握消费者购买流程中的各个价值点，通过做好这些价值点，给用户留下良好印象，让用户作出好评。例如，为了满足用户网购时打开包裹后的期待感，企业可以赠送一些小礼品。

以旅游景点为例，一些景区放置了很多路标及指示牌，在上面添加了二维码。用户扫描二维码就可以将美景存储到自己的手机中，可以非常方便地在朋友圈进行分享，从而为景区带来更高曝光量。除了二维码外，常见的诱导分享方式还包括制造惊喜、提供极致服务、原生广告等。

满足客户的心理需求，主动分享朋友圈

从行为心理学来看，顾客之所以愿意分享含有产品及品牌的营销内容，在很多情况下是出于炫耀心理。十分流行的自拍就是典型

代表，当企业创造了一个令人感到新奇的场景时，很容易激发人们的自拍分享行为。当人们将这些内容分享到朋友圈后，就会引发亲朋好友的问询，进而引发一系列话题讨论，从而很自然地实现口碑传播。

那么企业怎样才能迎合用户的炫耀心理呢？一个比较有效的手段就是赋予产品及品牌符号价值。以奢侈品为例，从性价比的角度看，奢侈品的性价比极低，但仍有很多人趋之若鹜，最主要的一个原因就是奢侈品是高端人士生活的象征，人们希望通过向他人炫耀奢侈品证明自己是高端人士，寻求社会认同感，提高自己的社会地位。

引导顾客进行体验式消费

很多国际知名品牌十分重视顾客体验，一些企业由于自身的问题导致顾客体验不佳时，还会安排高层管理人员亲自登门道歉，请求顾客谅解，并给予货币或更换新产品作为补偿。顾客体验涉及整个购物流程的方方面面，其中任何一个环节出现问题，都会影响顾客体验。

和线下实体店所带来的良好购物体验相比，电商在顾客体验方面处于劣势。为了解决这一问题，很多电商企业积极布局线下，开设展示及体验商品的体验中心，并为顾客提供维修、更换等售后服务。在未来的市场竞争中，顾客体验将成为一个新阵地，如果不能做好顾客体验，即便是行业巨头也很容易被后来者颠覆。

企业要想在短时间内获得较高的曝光量，直接投入大量营销资源即可，但这种措施无法让企业的曝光量实现持续稳定的增长。解决这一问题的最佳方式就是形成良好的口碑，而这需要企业提高产品及服务质量，让消费者在体验产品及服务的过程中获得良好的体验，主动向身边的亲朋好友进行推荐。在这种情况下，营销内容、品牌信息可以通过消费者的社交圈实现“一传十、十传百”的快速扩散。

04 口碑管理：化解负面口碑的策略

有研究证明，相较于正面口碑，负面口碑能对消费者的购买行为产生更大影响。也就是说，企业在产品宣传方面投入大量时间与金钱，并不一定能获取相应的利润；但如果关于企业的负面口碑传播出去，将会给企业带来巨大损失，甚至会使企业面临倒闭、破产的风险。鉴于此，企业要合理地利用正面口碑，减少负面口碑带来的不良影响。

对于企业来说，负面口碑会产生严重不良影响。为了避免这种情况发生，企业要想方设法化解负面口碑，减少负面口碑给企业带来的损失。下面我们从负面口碑传播者与接收者角度出发，结合负面口碑领域的研究成果，对化解负面口碑可以采用的策略进行具体分析。

增强顾客满意度，减少负面口碑的发生概率

相关研究表明，消费者传播负面口碑的动机主要有四个：一是利他主义，其目的是防止他人作出错误选择，该动机占比25%；二是缓解焦虑，通过向他人抱怨自己对产品或购物体验的不满来释放愤怒、缓解焦虑，该动机占比27%；三是复仇心理，顾客在获得不好的购物体验之后为了得到企业的满意答复而向他人传播负面口碑，该动机占比38.5%；四是寻求建议，消费者为了获得他人的指点与建议传播负面口碑，该动机占比9.5%。

也就是说，无论消费者受何种动机的驱使传播负面口碑都有一个共同点，就是都经历了一次不满意的购物体验，这是形成负面口碑的主要原因。所以，企业想要消除负面口碑必须从源头出发，不断提升顾客的满意度，谨防负面口碑产生。

（1）提高顾客让渡价值。为了提升顾客的满意度，企业必须提升顾客的让渡价值，让顾客在购物过程中享受到更多的价值体验。随着消费升级，顾客需求表现出多元化的特点，一种产品无法满足所有顾客的需求，即便产品十全十美，顾客对产品仍有很多个性化需求，更何况企业无法打造十全十美的产品。在这种情况下，企业必须从服务着手，打造个性化的服务，满足顾客对个性化服务的需求，提升顾客的满意度。

（2）完善顾客抱怨处理机制。企业要完善顾客抱怨处理机制，让顾客将对产品或服务的不满告知企业，之后采取相应的措施对顾客反馈进行处理，转变顾客的态度，提升顾客的满意度，从而消除负面口碑传播的前提。

要完善顾客抱怨处理机制，企业必须先为顾客提供反馈渠道，如免费服务电话等，鼓励顾客将自己的不满反馈给企业。为了将反馈渠道的作用真正发挥出来，企业为顾客提供的反馈渠道必须具有便利便捷、零成本、可获得奖励等特点。此外，企业要建立完善的顾客意见处理机制，让顾客意见得到及时有效的处理，将顾客的不满意转变为满意。

（3）鼓励顾客投诉。如果产品质量出现问题，顾客可以通过向企业投诉获得赔偿，但在很多情况下，顾客都没有投诉、索赔等行为发生。导致这种情况出现的原因是：消费者认为投诉、索赔会耗费自己大量的时间与精力，而且结果未必能让自己满意。为了解决这一问题，企业可以就赔偿问题作出明确承诺，将商品问题的赔偿条款、索赔方式印在商品包装的明显位置，为顾客投诉提供方便。这样一来，消费者一旦遇到商品问题就会主动向企业投诉、索赔。如果企业的处理结果能让消费者满意，消费者就不会传播企业的负面口碑，甚至会因企业良好的售后服务而向他人传播企业的正面口碑。

培养客户关系，转化负面口碑的传播方向

只有社会化程度比较高、社会责任感比较强的人，才会时不时地传播企业或品牌的负面口碑。社会化程度比较高的人性格外向，喜欢与人交流信息，愿意针对某一事件表达自己的看法。在生活中，这类人是“积极分子”；在工作中，这类人是“宣传委员”，每天通过各种渠道搜集各种信息，同时也会将自己获取的信息传播给他人。

因为这类人掌握的信息比较多，经常为人们答疑解惑，所以这类人就成了某个领域的意见领袖。他们一旦获得不好的购物经历，就会将产品或企业的负面口碑迅速散播出去。所以，在负面口碑的几大传播源中，社会化程度比较高的消费者是其中非常重要的一个。所以，企业想要消除负面口碑就必须将其视为重点营销对象，与其建立良好的关系。

（1）建立联系，拉近顾客与企业的距离。针对那些重点顾客（容易散播负面口碑的顾客，对他人的购物决策有较强影响力的顾客），企业可以根据需要建立信息库，与其建立良好的关系。为此，企业要定期收集顾客信息，根据已掌握的购买数据和顾客购买心理、行为特征对重点顾客进行有效识别，也就是将社会化程度比较高、社会责任感比较强的顾客筛选出来建立信息库，然后根据信息库中的资料与这些顾客建立联

系，开展关系营销。

（2）巩固关系，培养顾客忠诚度。为了更好地维护与重点客户的关系，企业要针对重点客户制定忠诚度培养计划，具体措施如下：第一，积极、主动地与重点客户沟通，让他们主动将产品和服务中存在的问题反馈出来，采取科学措施予以应对，从情感层面与这些重点客户建立联系，令其满意，以减少其传播负面口碑的可能性；第二，企业要采取有效措施提升这些客户的忠诚度，例如为其提供特殊关怀、实行积分激励等，提升其对企业的忠诚度，让其主动为企业传播正面口碑。

强化品牌形象，提高负面口碑免疫能力

消费者对企业已有的认知可以削弱负面口碑产生的影响。消费者在接收到某企业或品牌的负面信息时会产生两种思考：第一，企业实际情况就是如此；第二，传播者对企业或品牌有偏见，这些负面信息是虚假信息。

这两种截然不同的想法都有自己的成因：如果企业一直以正面形象示人，并且早已为广大消费者所熟知，信息接收者就会将这种负面口碑的产生归咎于传播者；如果企业形象不佳，消费者对企业的熟悉度比较低，信息接收者就会将这种负面口碑的成因归咎于企业；如果企业形象比较好，但消费者熟悉度比较低，信息接收者就会将负面口碑的成因归咎于传播者；如果企业形象不佳，而消费者熟悉度比较高，信息接收者就会将负面口碑的成因归咎于企业。

所以，为了降低负面口碑对信息接收者的影响，增强消费者对负面口碑的免疫力，企业必须做好品牌建设，塑造正面的企业形象或品牌形象，提升消费者对企业或品牌的熟悉度。

（1）建立良好的品牌形象。企业形象、品牌形象的塑造需要耗费大量的时间与精力，且其作用无法立即显现出来。所以，企业要以长远的眼光来做好品牌建设；而且在打造品牌形象方面，企业必须强化品牌的正面形象，增强消费者对品牌的信任。因此，企业要将品牌与各种公益活动结合以树立良好的品牌形象，抵御负面口碑带来的不良影响。

（2）让公众熟悉品牌。在塑造了良好的企业形象与品牌形象之后，企业要提升社会大众对品牌的熟悉度，让更多人知道品牌，了解品牌的优势。如此一来，虽然消费者未必会购买该企业的产品，但在接收到与企业有关的负面信息时不会立即相信，反而会从各个渠道搜集信息验证信息的真伪。所以，企业提升社会大众对品牌的熟悉度能有效消除负面口碑带来的影响，增强企业抵御负面口碑的能力。

总而言之，负面口碑一定会从某种程度上给企业造成不良影响，企业必须采取有效措施消除这种不良影响。为了做到这一点，企业要提升顾客的满意度，消除负面口碑传播的基础，与重点客户建立良好的关系，提升顾客对品牌的忠诚度，将负面口碑转化为正面口碑，塑造良好的品牌形象，提升顾客对品牌的熟悉度，增强企业对负面口碑的免疫力。

— 第19章 —

品牌体验：基于顾客价值的营销法则

01 品牌标签：精准获取目标客户

体验是人们在某种外界刺激下产生的心理感受。在企业界，企业开展体验营销可以通过营销活动促使目标群体对商品、品牌及企业产生正面认知。生活经历告诉我们，无论真实事件还是虚拟事件，无论直接参与还是间接参与，都会让人们产生一定的体验。

在开展体验营销的过程中，营销人员既要考虑智力、知识、思考等理性因素，也要考虑感官、情绪及情感等感性因素。体验是复杂多变的，尤其是在新生事物层出不穷的移动互联网时代，体验就变得更加难以预测。不同的消费者在同样的营销场景中可能获得差异化的体验，这就给企业开展体验营销带来了诸多挑战。

面对不同群体的差异化体验需求，企业需要提供多元化的体验内容。从本质上看，人的体验构成要素主要包括以下四种，如图 19-1 所示。

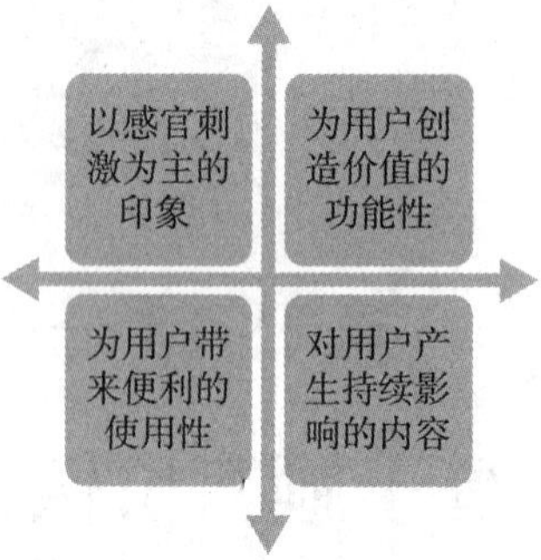

图 19-1　构成体验的四大要素

这四个要素之间密切关联，共同作用于用户体验。而要想让体验营销活动取得成功，企业需要同时兼顾这四个因素。一般来说，能够让人们产生强烈体验的事物或场景会给人留下深刻印象，而且可以通过一定的刺激让人回忆起当时的事物或场景。也就是说，如果企业的体验营销取得了良好效果，可以刺激消费者重复购买。

在影响力方面，视觉、听觉、触觉、嗅觉、味觉等产生的感觉体验要弱于参与及试用所带来的互动体验。在产能严重过剩、同质化竞争问题愈发突出的背景下，体验营销将成为企业沉淀忠实消费者，构建强大外部竞争力的重要手段。

与传统工业时代相比，企业的消费环境发生了巨大变革，人们购买商品时不再简单地关注产品价格、功能、性价比、实用性等，而是思考能否满足自身的生活方式、文化理念及价值主张等情感与精神体验方面的需求。所以，研究体验营销背后的逻辑，并将其充分运用到经营实践中，使目标群体和产品及企业建立强有力的连接关系，就成为企业管理者亟须解决的重点问题。

很多时候，人们之所以购买那些性价比不高的商品，一个主要原因就是这些商品能够带来更多增值服务，虽然其他商品的价格更低、品质更高，但因为体验缺失，人们很难与之建立信任关系，自然也就不愿意购买。所以，营销人员需要从以产品为卖点的传统营销思维中挣脱出来，以体验为卖点，通过对接用户的各种碎片化场景创造超乎用户预期的极致体验，从而影响消费决策。

企业在开展体验营销之前需要对目标消费群体进行精准定位，实现精准获客。用户体验的复杂性与多变性决定了同样的营销内容展现在不同的消费群体面前时，他们会产生不同的体验。如果不能实现精准定位、精准获客，企业不但无法取得预期的营销效果，而且会造成大量的资源浪费，给长期发展造成比较严重的负面影响。

在精准定位目标消费群体、精准获客的过程中，企业需要思考目标消费群体有何特征，应该通过怎样的渠道与之对接，采用何种内容对其施加影响，怎样促使其主动进行口碑传播等。

以三只松鼠为例，三只松鼠将自身的目标消费群体定位为年轻、时尚的女性，这个群体具有慢食生活、强调生活品质、对互联网有较高的依赖性等标签，其特征具体包括：

- 该群体是坚果的主力消费群体，而且强调产品品质；
- 互联网已经成为其生活与工作的重要组成部分；
- 该群体热衷于网络购物，认可并采用“搜索—挑选—体验—购买—评论—分享”的电商购物流程；
- 社交媒体、兴趣社群等对该群体的消费决策及传播行为有较大影响；
- 该群体强调购物过程中的用户体验。

在三只松鼠运营团队看来，虽然这种目标消费群体定位会导致用户规模受到一定限制，但得益于互联网尤其是移动互联网打破时间及空间的特性，这一问题得到了有效解决。确定了目标消费群体后，三只松鼠针对该群体的体验需求对产品模式、渠道模式及营销模式进行了优化调整。

产品包装、卡通形象以及客服与顾客交流的语言等都可以击中年轻女性用户的“萌点”，让年轻女性用户在接触三只松鼠时很容易产生情绪波动，产生认同感。与此同时，三只松鼠还通过将电商作为核心销售渠道、给消费者带来完善的过程体验等方式，满足消费者的体验诉求。

专注于细分群体，让三只松鼠能够有更多时间与精力为核心用户提供更完善的商品与体验，塑造强大的外部竞争力，构筑较高的竞争门槛，以便应对后来者的同质化竞争。

当然，在不同的发展阶段以及不同的市场环境中，企业应该结合自身的发展情况与用户体验需求，在精准定位及精准获客策略方面作出一定的优化与调整，这样才能更好地服务用户，为用户创造更多价值，获得更高的利润回报。

02　渠道体验：满足顾客的体验需求

无处不在的移动互联网深刻影响了人们的生活及工作，改变了商业模式、思维模式、经营理念等。作为主流消费群体的“90后”及“00后”对互联网有较高的依赖性，在时间与精力相对有限的背景下，网购在其购物消费中占据的比例越来越大。为了充分迎合这一发展趋势，企业进行全渠道布局就显得尤为关键。

近几年，无论是沃尔玛、家乐福等传统零售巨头，还是阿里巴巴、京东、亚马逊等电商巨头，都在积极开展全渠道布局，争取最大限度地满足人们的全渠道体验需求。近几年，我国网民群体规模保持快速稳定增长。中国互联网络信息中心（CNNIC）发布的第50次《中国互联网络发展状况统计报告》显示，截至2022年6月，我国网民规模为10.51亿，互联网普及率达74.4%，网民使用手机上网的比例达99.6%，庞大的网民基础为商家布局线上渠道奠定了坚实的基础。

互联网的开放性与便利性提高了普通大众的话语权，他们能够聚集在网络社区中对所在领域产生关键影响。现实与互联网之间的界限变得越发模糊，人们逐渐习惯了借助互联网来提高生活的便利性，体验绚丽多彩的美好世界。

互联网使人们的生活追求得到极大的满足：在信息服务方面，互联网中存在海量信息；在购物方面，线上商城的商品不仅品类齐全，而且因为去除了大量中间成本，比线下门店中的商品价格更低；在娱乐方面，互联网存在多元化的娱乐项目，能够让人们从中体验到无穷的乐趣。

社交环境也因为互联网而发生了巨大变化，信息传播渠道垄断被打破，传播速度实现了质的飞跃，从而催生出了一批在各领域有较强影响力的意见领袖，他们在网络社区中一呼百应，能够对粉丝产生巨大影响。传统媒体的影响力被削弱，个体与组织建立的自媒体成为不可忽视的重要角色，在更为开放、便利的网络社群中，人们可以自由地交流信息，享受美好的社交生活。

社交环境的重大转变导致人们传统的生活方式被颠覆，消费习惯与需求心理也发生了比较大的改变。更关键的是，互联网创造出很多场景，可以使人们获得更完善、更极致的生活体验。线下门店通过接入互联网的终端设备，为消费者选购商品、获取服务、体验购物乐趣提供了更多便利。那些没有时间逛商场的消费者，也可以在天猫、淘宝、京东、亚马逊等综合电商平台获取丰富的商品，并享受送货上门服务。

互联网已经成为人们生活及工作的重要组成部分，客流量从线下向线上转移，对仍在固守传统运营模式的实体零售商造成强烈冲击，引发了大规模关店热潮。在电商领域，我国的电商行业已经相当成熟，已经超过很多发达国家，移动支付的普及率也位居世界前列。在这种背景下，国内企业需要深入了解人们的生活方式、社交环境、消费需求等，并有针对性地对自身的管理方式及运营方式进行调整。

在移动互联网时代，不进行全渠道布局的企业未来将很难生存，尤其是在对接人们随身携带的智能手机终端方面，企业要给予高度重视。随着互联网全方位融入人们的生活及工作，企业只有同时布局线上和线下，才能给顾客带来更好的消费体验，让人们的个性化体验需求得到充分满足。

零售门店要积极借助具有强大连接能力的互联网，让人们的实时购物需求得到充分满足。通过扫描二维码下单支付，可以缩短购物流程，降低人们购物的时间成本，获得更多流量，在有效控制门店经营成本的同时获得更高的利润回报。

03 商品体验：构建多元化的消费场景

完善的场景体验是使企业提供的商品与服务和顾客需求实现无缝对接的重要基础。在同质化商品泛滥、购物的时间成本越来越高的情况下，为顾客打造完善的体验场景，已成为企业激发顾客购买欲，提高自身盈利能力的重要手段。在实践中，企业需要根据顾客需求，将商品及服务为顾客创造的价值以丰富多元的场景展示出来，让消费者从中获得参与感与体验感，从而刺激冲动消费。

具体来看，目前市场中发展前景广阔的消费场景主要有社交场景、学习场景、家庭场景、运动场景、健康场景、休闲场景、办公室场景等。要想完善场景体验，企业需要深入分析顾客需求，掌握市场环境变化，根据生活方式对商品进行划分，并将其融入特定的营销场景之中。

用户分析是完善场景体验的重要基础，在不同场景中人们的需求会存在一定差异。企业需要根据目标群体的特性，在特定场景中向用户推荐特定的商品。大数据、云计算、移动互联网等新一代信息技术的应用，对企业获取用户需求具有十分重要的价值。企业可以在经营实践中灵活运用这些新技术与工具精准分析用户需求。

线下门店需要结合顾客的需求特性，转变门店布局理念，从主打商品转向以生活方式为卖点，了解顾客的生活方式需求，打造丰富多元的生活消费场景体验。线上商城则要从商品描述转变为体验描述、情感与精神需求满足描述，利用线上场景开放性、互动性的特点吸引更多流量，通过引发用户情感共鸣来刺激消费。

在消费持续升级的背景下，商品有了新的定义：

- 商品不仅是简单的物品，更是一种生活方式；
- 人们对商品的需求从功能与实用性逐渐转向情感与精神需求满足；
- 品质与健康成为人们获取商品时的重要参考因素；
- 商品本身的影响力大幅度降低，企业需要在商品体验方面投入更多资源与精力。

企业在为消费者打造商品体验时，首先需要从用户单纯的交易购买理念，转变为满足其品质生活需求；其次要从为消费者提供商品转变为为消费者提供生活方式；最后要通过不断创新成为消费者品质生活的引领者，将自身价值的获取建立在为用户创造价值的基础之上。

以近几年火热的社区生鲜超市为例，在富有创造力的创业者的驱动下，这一零售业态正在完成以下转变：

- 从销售商品转变为提供居民生活解决方案；
- 从社区生鲜超市转变为“社交+生鲜超市”；
- 提供的食材向多品类、小批量及附加值更高的加工食品转变；
- 从生鲜超市转变为集生鲜、药妆、餐饮、便民服务等诸多业态于一体的体验中心；
- 借助App转型新零售；
- 从单一的配送商品转变为更具人性化的亲情关怀。

盒马鲜生就是其中的典型代表，盒马鲜生的商品结构和传统的社区生鲜超市有很大差异。当很多新顾客走进盒马鲜生门店时会感到相当惊艳，因为其销售的商品颠覆了人们对社区生鲜超市的认知。

在消费环境发生重大转变的背景下，企业需要重新思考零售为消费者创造的价值以及商品的真正内涵。要让消费者的商品体验得到充分满足，企业首先要做的就是对商品结构进行重构。

盒马鲜生打破了传统社区生鲜超市普遍采用的品类组合原则，使品类更趋扁平化，成品及半成品在其中占据了较高的比重。因为盒马鲜生意识到仅为消费者提供初级生鲜商品不仅难以满足用户体验，也极大地限制了自身的盈利能力，所以门店要为消费者提供更高品质的生活解决方案，让人们此前需要在家庭场景中做的事情在门店就能完成。

半成品只需简单加工就可以食用，成品只需加热即可食用。在吃这一体验上，盒马鲜生凭借丰富多元、便捷食用的商品结构建立了强大的市场竞争力，并有效提高了盈利能力。

此外，盒马鲜生的商品都采用小包装，避免食物过剩而造成浪费，或因为留在第二天食用降低品质。在经营理念上，盒马鲜生并不像很多传统零售企业一样重视客单价，因为盲目追求客单价会让企业陷入以商品为中心、以自我为中心、以盈利为导向的不利局面。一家成熟的现代企业应该以用户为中心，真正为用户创造价值，而不是想着如何从用户身上获取更多利益。

从长期看，零售业态将发生颠覆性变革，现阶段零售企业普遍采用的以商品为中心的零售业态将被以服务目标群体为中心的零售业态所取代；零售门店将围绕顾客的个性化体验需求，为其提供完善的生活服务

解决方案；零售企业将成为人们的生活助理，在各种移动化、碎片化生活场景中为用户创造价值。

04 情感体验：打造顾客终身价值

很多实体零售从业者在日渐减少的客流量面前纷纷感叹实体零售已死，然而事实并非如此。无论是实体零售，还是电子商务，未来都不会消亡，二者将会融合成为新零售，共同为用户创造价值。但仍坚持采用传统零售运营模式的商家必然会被后来者颠覆，就像海尔创始人张瑞敏所说的那样，要从传统的销售商品模式转变为打造客户终身价值，发展社群经济。

社群经济强调企业以用户需求为中心，和用户群体深度融合，开展社群运营，在和社群成员交流的过程中了解其潜在需求，并推出定制化的需求解决方案，在服务用户的同时获取利润回报。小米就是通过社群经济获得巨大成功的典型代表。

在流量获取方面，社群流量已经成为企业的一个重要流量入口。现阶段，越来越多的人聚集在微信、微博、贴吧、论坛等社交媒体的兴趣社群中，部分拥有专业知识、丰富经验的个体或组织成为社群的意见领袖，然后通过和企业合作获得了惊人的财富。

在传统工业时代，人们的需求主要是衣食住行，也就是基本的生存需求。而进入移动互联网时代后，生产力的提升及经济的快速发展，使人们的基本生存需求得到了满足，人们开始追求更高层次的社交和精神需求，正是这种需求的转变使互联网在人们生活及工作中扮演的角色越发关键。在互联网中，企业可以通过打造多元化的场景来满足人们的感官体验、浏览体验、交互体验等。

随着同质化竞争与价格战越演越烈，企业销售商品所获得的利润越来越低，很多企业无法承担高昂的成本而大幅度裁员、关闭生产线。在此形势下，打造终身顾客，通过多元化，可以带给消费者极致体验的增值服务提高盈利能力，成为企业从激烈的市场竞争中成功突围的关键。全家便利店之所以从以商品运营为中心向以客户关系管理为中心转变，就是因为认识到了打造终身顾客的巨大潜在价值。

很多便利店企业在召开经营分析会议时，仍在单纯地考虑门店的经营情况，分析各个便利店的日均客流量、成交额、毛利润等指标。但在全家便利店看来，这是典型的“经营店”的传统思维，未来的便利店应该采用“经营人”的思维，考虑怎样维护客户关系、如何沉淀更多忠实顾客。具体来看，全家便利店的经营策略包括“一个目的”“两个核心”“三种策略”“一套零售运营方案”，具体如下：

一个目的：吸引“90后”这一主流消费群体。为此，全家便利店建立了粉丝运营体系、顾客忠实度管理体系以及顾客重视价值管理体系，分析顾客在全家及合作伙伴门店中的行为，描绘顾客群体画像，并有针对性地制定营销方案。

两个核心：延长顾客停留时间，增强顾客在门店中的体验感。

三种策略：采用积分制，促进顾客二次购买；以“造节”来满足“90后”群体追求时尚、娱乐的体验需求；开展全渠道布局，让顾客能够快速、低成本地满足自身需求。

一套零售运营方案：打造闭环生态系统，借助大数据、云计算等新一代信息技术充分挖掘目标消费群体的价值。

经过长期的探索实践，全家便利店在沉淀忠实顾客、维护客户关系等方面积累了丰富经验，让高端会员享受优质增值服务的收费制会员体系逐渐得到了顾客的认可与青睐，而且通过深度挖掘数千万会员的潜在价值有可能在未来突破便利店这一零售业态，创造一种新的零售业态。

— 第20章 —

品牌公关：数字化时代的危机处理

01 品牌危机的概念与主要特征

在传统媒体时代，除了那些手握媒体资源、拥有一定权威的专业人士之外，其他人很难在媒体平台发布自己的观点。而进入自媒体时代之后，每个人都能在遵守社会意识形态的基础上通过社交媒体、社交平台发表自己的看法，对相关事件进行评论。而一些信息在传播过程中可能会失真，与原信息存在较大区别，甚至会出现扭曲事实的现象，使身处其中的企业面临更多危机与挑战。

随着互联网的高速发展与普及应用，上述变化越来越明显，企业开始对传统的品牌塑造方式、管理方式、运营方式进行改革。互联网的发展加速了信息传播速度，赋予了受众更多的权利与自由，在这样的大环境下，企业在品牌运营过程中也面临许多新问题。

从理论层面看，品牌包括企业的名称、标识、符号、图案等元素，其作用是体现企业产品或服务的独特性，方便消费者识记。企业可以通过品牌表达自己的价值理念，吸引目标消费者关注。

品牌在塑造、运营及后续发展过程中经历的负面遭遇即品牌危机，具体如品牌负面信息的传播、企业市场空间被压缩等。这些情况的出现会给品牌发展带来不利影响，所以企业要重视对品牌危机的应对及处理。那么，品牌危机有哪些特征呢？

危机暴发的突然性

很多情况下，危机的产生是超出企业预料的。对于危机发生的时间、地点、具体方式乃至危机形式等，企业都无法提前作出准确预测。也就是说，品牌危机通常是随机发生的，没有规律可循。

危机暴发的紧急性

品牌危机发生后就会集中体现出对企业发展的负面影响，还会在短时间内扩大传播范围，使企业发展陷入困境。在这种情况下，如果企业反应不及时，无法及时制定出有效的应对方案并采取措施，就很容易陷入混乱状态。再加上信息技术的普及应用使信息传播突破了时空限制，导致品牌的负面信息也可以以更快的速度传播，给企业发展造成严重不良影响。

危机暴发的危害性

品牌危机的出现，会降低消费者对企业的信任度，导致产品销售渠道减少，出现严重的货品积压问题，导致资金周转受到不良影响。

危机暴发的机遇性

危机通常与机遇并存，企业应该正确看待品牌危机，积极开展公共传播，减少危机的负面影响，争取扭亏为盈。

美国阿哈罗航空公司在1988年出现了一次比较严重的飞行事故。飞机起飞后在高空发生爆裂性失压。本以为波音公司会采取措施掩盖此事，但该公司反其道而行之，借此事件开展传播活动，并向外界解释，是由于飞机陈旧、零部件使用时间过长而导致了此次事故。

该飞机的服务时间达20年之久，由于金属疲劳，导致事故发生。即便如此，事故伤亡非常小，没有乘客因此受伤，这足以表明波音公司的飞机在安全性方面拥有绝对优势。通过积极的公共传播，波音公司扭转了原本的不利局面，提高了客户对其服务的认可度。

02 导致品牌危机的主要因素

对企业来说，供应商、竞争对手、内部各个部门、消费者等主体都会对其发展及利益所得产生影响，这些主体的行为也是品牌危机产生的源头，下面进行逐一分析。

供应商引发的品牌危机

企业生产制造产品的原材料来源于供应商，原材料的品质会对产品质量产生重要影响。如果供应商提供的原材料质量不佳，而生产企业又忽视了对原材料的质量进行检验，第三方监督机构也没有做好检验工作，就会导致最终输向市场的产品存在质量问题，无法满足消费者的需求，而且会影响企业形象，出现品牌危机，给企业的后续发展带来挑战。

竞争对手引发的品牌危机

当竞争对手面临品牌危机时，作为同行业中的同类企业，其发展也会受到不良影响。如果危机事件导致消费者对产品的信任度下降，企业应该及时端正自己的心态，针对危机事件做好应对方案。例如“3·15”消费者权益日曝光的“土坑酸菜”事件，“工人光脚踩踏”“工作现场随处可见烟头”“防腐剂超标10倍”等信息不仅使老坛酸菜牛肉面迅速在全渠道下架，而且给整个方便速食行业、腌制品行业造成了不良影响。

企业内部引发的品牌危机

源自企业内部的危机可能发生在很多部门。用价值链的理论来分析，大部分能够为企业创造利润的环节都有可能成为危机产生的源头。具体而言，企业的生产部门、销售部门、客服部门等都有可能出现相关问题，使企业的发展陷入困境。例如，运营部门推出的广告引起消费者反感，就会让消费者对企业的运营产生怀疑；客服部门没能及时回答消费者的问题，处理消费者的投诉也会招致消费者不满。

企业的生产部门、采购部门操作不当，就难以保证产品质量，给消费者体验造成不良影响。一些企业发现劣质产品流入市场后，会采取紧急召回措施，并对购买过这类产品的消费者给予一定的补偿，尽量降低该事件造成的不良影响。如果企业没能及时采取有效措施进行处理，网络平台就会形成不良舆论，给企业发展造成压力。

消费者引发的品牌危机

源于大众消费者的危机包括两种：一种是消费者将企业或产品存在的问题公之于众，这些信息通过社交平台扩散，给企业发展造成不良影响；另一种是消费者在网络媒体的影响下参与虚假信息的传播。即便消费者不是企业的目标客户，也能够借助网络渠道进行危机信息的传播，给企业的公关部门带来压力。

03　事前：做好提前预警与控制

品牌危机是自然因素引发的，这种危机通常在企业能够处理的范围内。因此，企业要在充分了解自身品牌的基础上，对内部情况进行分析，找出危机潜在的环节，具体包括：

（1）组成品牌的各个要素是否存在不足。

（2）品牌是否在其所属行业的合理范围内发展。

（3）品牌口号有没有超出目标群体的理解能力，是否符合品牌内涵。

（4）品牌的影响力与其美誉度是否一致。

一般情况下，营销人员在对这些问题进行深入分析的基础上，能够发现潜在的危机。如此一来，企业就能够根据之前的分析提前做好准备工作，制定有效的品牌危机应对方案。除了内部因素之外，外部因素也可能导致品牌危机的产生。对此，企业要保持敏锐的感知能力，提高危机处理能力。

加强对内部各个功能部门的管理

在很多情况下，企业在日常经营及发展过程中存在的问题，积累到一定程度后就会以品牌危机的方式出现。如果危机比较严重，在出现之后就会给企业发展带来负面影响，让管理者措手不及，难以扭转不利局面。

为了避免这个问题，企业管理者应该从价值链层面出发，在日常运营过程中加强对企业内部各个功能部门的管理，包括采购部门、研发部门、生产部门、市场销售部门等，确保这些部门保持良好的运作状态，将问题消除在萌芽状态，防止其演化成危机。

与系统内部其他参与者互惠共利

从生态系统层面来看，企业所在系统中的其他参与者，如供应商、经销商、消费群体、相关政府部门、竞争对手，以及企业内部人员的行为都能够对其发展产生影响。企业要想实现可持续发展，就要树立正确的价值理念，优化整个生态系统的组成方式。

所以，管理者要从全局性的角度出发，对企业的运营及发展情况进行把握。企业应该与生态系统中的其他参与主体保持良好的关系，增强彼此间的信任。为此，企业要制定统一的原则及规范，促进参与主体之间的合作，加强彼此之间的信息交流与共享。如此一来，即便企业出现品牌危机，也能够获得合作企业的帮助，快速重塑企业在消费者心中的形象。

04　事中：危机公关应对与处理

勇于承担责任，正确对待危机事件

企业经营是为了获取利润，但也要积极促进社会发展。品牌危机出现后，企业应该正确对待危机，敢于承担责任，以真诚的态度面向大众，努力得到消费者的谅解。品牌危机出现后，大众会集中关注企业的反应及态度。在这种情况下，企业如果一味地掩盖自己的错误，会招致消费者的不满，使负面信息在网络渠道大肆传播，给企业发展带来不利影响。相比之下，企业应该体现自己的真诚，正确处理危机事件。

如2007年2月，美国蓝捷航空公司因天气原因导致航班延误，乘客滞留，企业管理失控，消费者的密集投诉使公司出现品牌危机。在这种情况下，蓝捷航空公司在第一时间通过YouTube向乘客表达歉意，以诚恳的态度争取消费者的谅解，并在之后公开表明会赔偿顾客损失，给消费者提供利益补偿，承认自己在管理方面的失误，并对企业管理系统进行了改革。

只有拥有承担责任、表现出自己对待错误的诚恳态度，才能重新挽回消费者的信任，企业在文化建设环节应该注重这一点。危机事件发生后，企业应以真挚的态度面对危机，采取适当的挽救措施，与消费者开展良性互动，争取得到消费者的原谅，降低企业的损失。

组建危机处理部门

危机发生后，企业应该快速建立危机处理部门，包括信息整理部门及指挥协调部门。其中，信息整理部门应该包括咨询联络部与信息收集部，其任务是寻找可能发布品牌相关信息的平台，包括搜索引擎、门户网站、垂直领域的网站、电话热线等，快速获取这些媒体平台发布的与企业有关的所有信息。

指挥协调部门应包括三个分支机构：媒体联络部、形象管理部与资源保障部。该部门的任务是对信息整理部门获取的信息进行归纳与分析，采用博文、产品检验报告、软文广告、专题报告等方式在网络平台展示企业的相关信息，并与报道者、消费者进行双向互动。

同时，企业要注重与网络媒体的信息交流，有针对性地开展网络公关，通过网络渠道进行信息传播，提高信息发布者、内容编辑者的活跃度，尽力扭转危机局面。此外，企业要采取积极、正确的态度，保持自己的立场，在通过不同渠道发布信息时，要确保内容的一致性，及时处理危机，争取在这个过程中掌握更多主动权。

05 事后：重塑消费者品牌信任

品牌危机出现后，企业要及时、有效地进行处理。品牌危机的爆发或多或少地会降低企业品牌的信誉度，给企业发展带来不利影响。所以，企业应该充分发挥网络平台在信息传播方面的优势，重塑品牌形象。

互动性是网络信息传播的一大优势。企业应该通过官方网站、主流网络媒体、社区论坛等提高消费者在企业运营各个环节中的参与度，将企业的产品、品牌、理念、文化背景等信息传达给消费者，注重与消费者的沟通互动，将企业的良好发展前景展示给消费者，逐步降低危机事件的影响，并为品牌建设与发展提供支持与助力，帮助企业重新提高品牌信誉度，得到大众的认可与喜爱。

在传统媒体时代，信息传播的“中心化”特征十分明显。进入网络时代之后，虽然信息传播方式发生了一定的改变，但在信息传播过程中，依然有一批传播者占据主导地位，决定着舆论的总体方向。这些信息传播者组织话题并进行传播，其他信息接收者处于相对被动的地位，这一点与传统媒体时代的信息传播非常相似。

因此，企业的公关部门要想对网络平台上的舆论方向进行把控，就要加强对核心传播者的管理。对于在网络渠道传播的企业产品及品牌信息，如果企业能够快速获取并进行分析，就能对网上流传的负面信息做到心中有数，并及时采取应对措施。

随着信息技术的快速发展，先进的网络监控与分析技术将在企业营销及公关活动中得到广泛应用。在互联网时代，网络社区迅速崛起，社区平台上发布及传递的信息能够给企业发展带来很大的影响。要想主导社区平台的信息传播方向，企业就应该提高自身的信息监管能力，以减少网络信息传播给自身发展带来的负面影响。

目前，互联网的影响已经渗透到了企业营销的全过程。如果企业能够在网络上树立良好的形象，就能够提高消费者对品牌的认可度，促进自身发展；如果企业出现品牌危机，相关信息也会在网络平台迅速扩散。所以，企业在开展危机公关的过程中，要根据网络信息传播的特点，注重对信息资源的整合与分析，在制定品牌危机公关方案时注重处理细节问题。